《国家高新技术产业开发区绿色低碳发展研究报告》编委会

主编 陈吕军　吕先志　李有平　庞鹏沙

成员 谷潇磊　黄燕飞　强彬彬　李一骢
　　　　李婧婧　彭嘉伟　田金平　李　星
　　　　桑　晶　臧　娜　卢琬莹　张馨月
　　　　赵佳玲　陆佩雯　平玉焕　史　晨
　　　　许佳纯　曹心怡　李艳春　邵翎希
　　　　胡金可　王　帅　李佳阳　高晗博

国家高新技术产业开发区绿色低碳发展研究报告

陈吕军 吕先志 李有平 庞鹏沙 等 编著

科学技术文献出版社
·北京·

图书在版编目（CIP）数据

国家高新技术产业开发区绿色低碳发展研究报告 / 陈吕军等编著. —北京：科学技术文献出版社，2023.9
ISBN 978-7-5235-0793-3

Ⅰ.①国… Ⅱ.①陈… Ⅲ.①高技术产业区—低碳经济—经济发展—研究报告—中国 Ⅳ.① F127.9

中国国家版本馆 CIP 数据核字（2023）第 182570 号

国家高新技术产业开发区绿色低碳发展研究报告

策划编辑：郝迎聪　　责任编辑：张瑶瑶　　责任校对：张永霞　　责任出版：张志平

出 版 者	科学技术文献出版社
地　　　址	北京市复兴路15号　邮编 100038
编 务 部	（010）58882938，58882087（传真）
发 行 部	（010）58882868，58882870（传真）
邮 购 部	（010）58882873
官方网址	www.stdp.com.cn
发 行 者	科学技术文献出版社发行　全国各地新华书店经销
印 刷 者	北京虎彩文化传播有限公司
版　　　次	2023年9月第1版　2023年9月第1次印刷
开　　　本	889×1194　1/16
字　　　数	161千
印　　　张	9.5
书　　　号	ISBN 978-7-5235-0793-3
审 图 号	京S（2023）057号
定　　　价	78.00元

版权所有　违法必究

购买本社图书，凡字迹不清、缺页、倒页、脱页者，本社发行部负责调换

前　言

党的二十大报告提出，"推动经济社会发展绿色化、低碳化是实现高质量发展的关键环节"。绿色发展是党中央立足全面建成社会主义现代化强国、实现第二个百年奋斗目标，以中国式现代化全面推进中华民族伟大复兴所作出的重大战略部署；是关系我国发展全局的重要理念，是突破资源环境瓶颈制约、转变发展方式、实现可持续发展与高质量发展的必然选择，对建设美丽中国、全面建设社会主义现代化国家具有重大的理论意义和现实意义。

国家高新技术产业开发区（简称"国家高新区"）作为推进我国工业及高新技术产业领域绿色低碳转型的重要载体和探索高质量发展、高水平保护模式的主要平台，自1988年第一家建立以来，始终坚持以科技创新引领经济高质量发展，不断探索科技创新与绿色发展耦合的发展模式，通过树立科技创新核心，发展绿色低碳产业体系，积极响应全球气候变化挑战，创新环境保护和绿色发展政策，构建现代环境治理体系，形成了科学技术创新和体制机制创新双轮驱动的绿色发展路径，为全国工业园区绿色高质量发展提供了一系列可复制可推广的典型经验。2020年国家高新区以2.5%的建设用地创造了全国13.3%的GDP，其企业研发经费内部支出占GDP比例是全国的2.8倍，劳动生产率是全国的3.1倍，单位工业增加值综合能耗仅约为全国能耗水平的40%。

《国家高新技术产业开发区绿色低碳发展研究报告》在回顾国家高新区绿色发展沿革的基础上，结合国际国内的前沿研究，提出了中国式现代化建设新征程上国家高新区绿色发展的新使命。在客观分析国家高新区绿色低碳发展特征基础上，构建了国家高新区绿色发展指数，系统分析了国家高新区绿色低碳发展绩效。从绿色技术、绿色产业、绿色生态、绿色发展政策、绿色制度等方面甄选国家高新区绿色发展经验、做法和成效，凝练了国家高新区绿色发展的典型模式，同时结合我国生态文明和绿色发展新形势下国家高新区面临的机遇和挑战，提出了未来国家高新区绿色发展路径。

本报告由科技部火炬高技术产业开发中心和清华大学环境学院中国工业园区绿色发展研究中心联合编写，由陈吕军、吕先志、李有平和庞鹏沙任主编，其他 24 位编委共同完成了编写工作。本报告分为国家高新区绿色发展使命、国家高新区绿色发展现状、国家高新区绿色发展实践、国家高新区绿色发展挑战与展望共 4 篇 12 章。本报告期望为全国各级各类高新区科研、教育、管理、产业等相关领域的工作者提供参考与帮助，旨在激发更多的"高新区人"行动起来，做"绿水青山就是金山银山"理念的积极传播者和模范践行者，为我国高质量发展、高水平保护贡献高新区力量。

由于编者水平有限，再加上数据收集方面的困难，以及编者对诸多政策的理解存在局限性，书中难免存在疏漏之处，欢迎广大同行和读者批评指正。

目 录

第一篇　国家高新区绿色发展使命

第一章　国家高新区发展历程 ... 3
1.1　薪火相传，国家高新区一路前行 ... 4
1.2　创新驱动，铸强高质量发展的新引擎 ... 5
1.3　绿色发展，工业园区生态文明的示范区 ... 6

第二章　国内外工业园区绿色发展综述 ... 7
2.1　国内工业园区绿色发展研究 ... 7
 2.1.1　国内工业园区绿色发展理论研究 ... 7
 2.1.2　国内工业园区绿色发展实践 ... 10
2.2　国外工业园区绿色发展研究 ... 14
 2.2.1　国外工业园区绿色发展理论研究 ... 14
 2.2.2　国外工业园区绿色发展实践 ... 16

第三章　新时代新征程国家高新区绿色发展新使命 ... 20
3.1　应对全球气候变化新挑战的迫切需要 ... 20
3.2　实现第二个百年奋斗目标的现实需要 ... 21
3.3　加快建设我国高质量发展先行区的迫切需要 ... 22
3.4　引领示范其他区域绿色发展的迫切需要 ... 22

第二篇 国家高新区绿色发展现状

第四章 国家高新区绿色发展基础 27
4.1 空间分布格局 27
4.2 经济发展情况 29
4.3 科技创新情况 30
4.4 构建区域科技创新体系 34

第五章 国家高新区绿色发展绩效 39
5.1 绿色低碳技术 39
5.2 绿色产业 40
5.2.1 绿色产业空间布局 40
5.2.2 绿色产业孵化和培育 41
5.3 绿色生态 42
5.3.1 扎实推进节能降耗 42
5.3.2 纵深推进污染防治攻坚战 50
5.4 绿色发展聚类特征 54
5.5 绿色发展指数 57
5.5.1 绿色发展指标体系 57
5.5.2 绿色发展指数评价结果 58
5.6 绿色发展效率 58

第三篇 国家高新区绿色发展实践

第六章 国家高新区绿色发展政策体系 65
6.1 发展规划 65
6.2 支持政策 66
6.3 实施方案 67
6.4 激励制度 67

第七章 国家高新区绿色技术创新体系 69
7.1 绿色技术供给 69

  7.1.1　天津滨海高新区：领军企业带动技术探索 69

  7.1.2　合肥高新区：政产学研深度合作推动绿色技术革新 70

  7.1.3　南京高新区：中国气象谷以绿色技术支撑区域碳监测体系 72

 7.2　绿色低碳企业建设 73

  7.2.1　兰州高新区：构筑发展硬支撑，积蓄产业新动能 73

  7.2.2　杭州高新区：创新研发新技术，打造先进绿色纺织产业 74

 7.3　绿色低碳技术创新载体平台建设 74

  7.3.1　茂名高新区：建设技术创新研究机构，赋能石化产业生态化转型 74

  7.3.2　苏州高新区：发展多元技术创新载体，增强园区绿色发展竞争力 75

第八章　国家高新区绿色产业体系 76

 8.1　绿色制造体系 76

 8.2　传统产业绿色转型升级 78

  8.2.1　南昌高新区：升级产业链网，打造绿色高端发展模式 78

  8.2.2　青岛高新区：聚焦智能制造，推动传统产业提质增效 79

 8.3　打造绿色低碳产业新高地 79

  8.3.1　肇庆高新区：抓住产业新风口，打造大湾区绿色产业新高地 80

  8.3.2　武进高新区：大力优化能源结构，着力构建绿色产业体系 80

第九章　国家高新区绿色生态体系 82

 9.1　推动减污降碳协同增效 82

  9.1.1　嘉兴高新区："无废产业"全面支撑"无废工业园区"建设 82

  9.1.2　湘潭高新区：探索减污降碳新路径，创造老工业城市新经验 83

 9.2　加快能源结构绿色低碳转型 83

  9.2.1　嘉兴高新区：分布式光伏应用创新，助力能源绿色升级 84

  9.2.2　莱芜高新区：氢进煤退，按下能源结构转型"快进键" 84

  9.2.3　保定高新区："风光"无限，打造高质量"中国电谷" 85

 9.3　数字化管理助力园区绿色低碳发展 85

  9.3.1　德州高新区：优化园区管理，打造绿色产业集群 86

  9.3.2　常州高新区：以数字手段创新环境执法 86

9.3.3 无锡高新区：建立全国首个双碳双控管理平台 87
9.4 打造生产、生活、生态"三生"融合新样板 87
9.4.1 苏州工业园区："产城融合"打造长三角改革发展新高地 87
9.4.2 莫干山高新区："三生融合、三绿联动"实现高质量发展 89
9.4.3 无锡高新区：重塑品质，擘画产城融合新蓝图 89

第十章 国家高新区绿色发展支撑服务体系 91
10.1 绿色金融服务体系 91
10.2 建立双碳人才服务制度 92
10.2.1 "双碳"人才引进 92
10.2.2 "双碳"人才培育 92
10.3 创新碳管理制度体系 93
10.3.1 苏州工业园区：构建全国首个市场化碳普惠交易体系 93
10.3.2 肇庆高新区：首创全国"碳账户+"金融模式 94
10.3.3 合肥高新区：首创全国工业企业碳积分试点 94

第四篇 国家高新区绿色发展挑战与展望

第十一章 国家高新区绿色发展面临的主要挑战 99
11.1 应对全球气候变化的挑战 99
11.2 推动我国生态文明建设的挑战 100
11.3 区域绿色发展水平差异较大 101
11.4 绿色技术创新能力亟须提升 101
11.5 绿色发展制度体系尚需完善 102

第十二章 国家高新区绿色发展展望 103
12.1 科技为本推动绿色发展 103
12.1.1 加快绿色低碳技术攻关 103
12.1.2 加强绿色低碳未来产业部署 104
12.1.3 推动智慧化数字化转型 104
12.2 低碳循环助力绿色发展 104
12.2.1 深化能源管理和碳"双控" 104

	12.2.2 强化可持续水管理	105
	12.2.3 推动固废脱钩发展	105
12.3	合作共赢共享绿色发展	106
	12.3.1 区域协同构建绿色创新增长极	106
	12.3.2 深化开放坚持双向国际化交流	106
12.4	机制创新保障绿色发展	107

附录1 2020年以来国家绿色发展政策摘录 108

附录2 国家高新区绿色发展示范试点创建政策及名录 131

表目录

表1-1	国家高新区各省份数量分布	3
表1-2	国家高新区2012年和2021年经济指标	5
表1-3	国家工业园区绿色发展指标对比	6
表2-1	国家工业园区绿色发展相关重要文件	11
表4-1	2000年和2022年各省份国家高新区数量	27
表4-2	2020年国家高新区人均工业总产值	29
表4-3	2016年和2020年国家高新区创新平台数量	32
表4-4	综合性国家科学中心名单（截至2023年1月）	35
表4-5	科技创新中心名单（截至2023年1月）	35
表5-1	国家高新区绿色低碳技术发展情况	39
表5-2	国家高新区绿色产业结构和布局	41
表5-3	国家高新区2020年分地区能源消耗情况	45
表5-4	国家高新区2020年污染物排放情况	50
表5-5	各地区国家高新区2020年污染物排放情况	50
表5-6	国家高新区形成的聚类类别与特征	55
表5-7	国家高新区绿色发展指标体系	57
表5-8	国家高新区2016—2020年绿色发展指数	58
表5-9	国家高新区绿色发展效率指标	59
表5-10	东部地区国家高新区绿色发展效率	60
表5-11	中部和东北地区国家高新区绿色发展效率	60
表5-12	西部地区国家高新区绿色发展效率	61
表5-13	重点区域及国家自主创新示范区国家高新区绿色发展效率	62
表8-1	国家高新区绿色产品数量（截至2020年）	76
表8-2	国家高新区绿色工厂数量（截至2020年）	77

表 8-3	国家高新区绿色供应链数量（截至2020年）	78
附表 1-1	各国家高新区绿色发展相关政策	122
附表 2-1	国家高新区绿色发展示范试点创建政策	131
附表 2-2	国家生态工业示范园区创建名录	132
附表 2-3	国家绿色园区创建名录（截至2023年2月）	132
附表 2-4	国家循环化改造示范试点园区名录	134
附表 2-5	各省份近零碳排放试点名录	135

图目录

图2-1	国内工业园区绿色发展领域研究文献数量趋势	7
图2-2	国内工业园区绿色发展领域研究文献学科分布	8
图2-3	国内工业园区绿色发展领域研究文献层次分布	9
图2-4	党的十八大以来国家层面推动工业园区绿色发展的主要文件	10
图2-5	国外工业园区绿色发展领域研究文献数量趋势	14
图2-6	国外工业园区绿色发展研究领域分布	15
图2-7	奎纳纳工业园区产业共生链网模式	17
图4-1	2022年各省份国家高新区密度现状分布	28
图4-2	2016—2020年分地区国家高新区工业总产值	29
图4-3	2016—2020年国家高新区拥有发明专利量情况	31
图4-4	北京国际科技创新中心"三城一区"体系	36
图5-1	各地区国家高新区绿色产业孵化和培育情况	42
图5-2	各地区国家高新区节能降耗水平	43
图5-3	国家高新区"十三五"期间能源消耗情况	44
图5-4	国家高新区2020年能源产出效率对标	44
图5-5	各地区国家高新区2020年能源产出效率空间分布	45
图5-6	国家高新区"十三五"期间能源消费结构变化趋势	46
图5-7	国家高新区2020年分地区能源消费结构	46
图5-8	国家高新区"十三五"期间碳排放情况	47
图5-9	各地区国家高新区2020年碳排放强度空间分布	48
图5-10	国家高新区"十三五"期间新鲜水耗情况	49
图5-11	各地区国家高新区2020年新鲜水耗强度空间分布	49
图5-12	各地区国家高新区2020年废水排放强度统计	51
图5-13	各地区国家高新区2020年COD排放强度统计	52

图 5-14　各地区国家高新区 2020 年氨氮排放强度统计 53

图 5-15　各地区国家高新区 2020 年二氧化硫排放强度统计 53

图 5-16　各地区国家高新区 2020 年氮氧化物排放强度统计 54

图 5-17　省域视角下国家高新区的聚类分析类别特征 56

图 5-18　2020 年国家高新区绿色发展效率空间分布 59

第一篇

国家高新区绿色发展使命

第一章

国家高新区发展历程

国家高新技术产业开发区（简称"国家高新区"）建设始于1988年，经过30余年的发展已成为我国经济高质量发展的战略增长极、突破关键核心技术的基本盘、产业链供应链安全稳定的压舱石、集聚孵化创新型产业集群的试验田和构筑开放创新格局的主平台。截至2022年12月，国家高新区已形成"176+1"的格局（表1-1），其中东部地区70家、中部地区49家、西部地区42家、东北地区16家。国家自主创新示范区（简称"国家自创区"）依托国家高新区建设，截至目前，国务院共批复建设23家国家自创区，涵盖66家国家高新区。国家自创区积极发挥改革创新试验田作用，探索科技创新和体制机制创新"双轮驱动"的先行先试政策，成为国家实施创新驱动发展战略的重要载体和有力支撑。

表1-1 国家高新区各省份数量分布

东部地区		中部地区		西部地区		东北地区	
省份	国家高新区数量（家）	省份	国家高新区数量（家）	省份	国家高新区数量（家）	省份	国家高新区数量（家）
北京	1	山西	2	甘肃	2	黑龙江	3
上海	2	河南	9	贵州	3	辽宁	8
海南	1	湖南	9	西藏	1	吉林	5
福建	7	湖北	12	四川	8		
浙江	8	安徽	8	陕西	7		
天津	1	江西	9	重庆	4		
广东	14			青海	1		
山东	13			宁夏	2		

续表

东部地区		中部地区		西部地区		东北地区	
省份	国家高新区数量（家）	省份	国家高新区数量（家）	省份	国家高新区数量（家）	省份	国家高新区数量（家）
江苏	18			云南	3		
河北	5			新疆	4		
				广西	4		
				内蒙古	3		

30余年来，国家高新区深刻理解、准确把握、着力践行"发展高科技、实现产业化"这一初心使命，从孕育到设立，从建设到发展，历经要素集聚的初创发展阶段、提高自主创新能力的"二次创业"阶段和战略提升的"三次创业"阶段，正迈入"创新驱动高质量发展"的新阶段。国家高新区通过创新创业孵化、科技金融等一系列政策的制定和实施，完整、准确、全面贯彻新发展理念，走出了一条有中国特色的科技园区绿色发展道路，勇担创新驱动发展示范区和高质量发展先行区的新使命。

1.1 薪火相传，国家高新区一路前行

国家高新区在历经发展初期的要素集聚阶段后，面对高新技术产业在综合国力竞争中越来越重要的时代呼唤，和科技向现实生产力转化能力薄弱、高新技术产业化程度低的现实挑战，于2001年9月提出"二次创业"，核心是提高自主创新能力，加强创新体系建设，走内涵式经济发展道路，着力加快转型，从依靠土地、资金等要素驱动向依靠技术创新驱动的发展模式转变。

2012年，党的十八大将科技创新摆在国家发展全局的重要位置，2013年《科技部关于印发国家高新技术产业开发区创新驱动战略提升行动实施方案的通知》（国科发火〔2013〕388号）中，对国家高新区提出"四个跨越"的发展新目标，要求国家高新区从工业经济、产业园区向知识经济、创新文化和现代生态文明和谐社区、高科技产业增长极跨越。这也标志着国家高新区迈入了"三次创业"阶段，创新驱动、战略提升的核心要义得到进一步强化和凸显。

2020年7月，《国务院关于促进国家高新技术产业开发区高质量发展的若干意见》（国发〔2020〕7号）中，对国家高新区发展提出了更高的要求，明确国家高新区"创新驱动发展示范区和高质量发展先行区"的新战略定位。在新时代、新阶段，国家高新区深入贯彻创新、协调、

绿色、开放、共享的新发展理念，充分发挥科技、人才和产业优势，以"发展高科技、实现产业化"为核心，以坚持创新驱动、坚持高新定位、坚持深化改革、坚持合理布局、坚持突出特色为基本原则，大力加强科技创新，深化体制机制改革，营造良好创新生态，不断培育新经济增长点，建成若干具有世界影响力的高科技园区和一批创新型特色园区。

1.2 创新驱动，铸强高质量发展的新引擎

国家高新区是科技、人才的集聚地，是创新、创业的策源地。党的十八大以来，国家高新区坚持"高""新"定位，坚守"发展高科技、实现产业化"初心使命，在践行新发展理念、构建新发展格局上取得实质进展，持续推动创新驱动高质量发展迈上新台阶。

10年来，国家高新区深入实施创新驱动发展战略，在促进发展方式转变中充分发挥引领示范作用，持续支撑国民经济健康良性发展，成为高质量发展的重要引擎。国家高新区生产总值（GDP）从2012年的5.4万亿元增长至2021年的15.3万亿元，增长了1.8倍；劳动生产率从2012年的24.8万元/人增长到2021年的40.6万元/人，增长了63.7%，是全国劳动生产率（14.6万元/人）的2.8倍（表1-2）。

10年来，国家高新区内企业坚持向创新要活力，持续加大研发投入，集中开展"卡脖子"关键核心技术攻关，诞生了大量的前沿创新成果，为高水平科技自立自强贡献"高新力量"。2021年，国家高新区企业研发经费投入较2012年增长了2.7倍，首次超过1万亿元，占全国企业研发经费投入的48.2%。高新技术企业数量10年增长了5.4倍，从2012年的不足2万家，增至2021年的11.5万家（表1-2）。国家高新区企业发明专利有效量占全国总量的比重从2012年的29.5%上升至2021年的44.0%。国家高新区已成为新时代创新驱动高质量发展的排头兵。

表1-2 国家高新区2012年和2021年经济指标

指标	单位	2012年	2021年
国家高新区数量	家	88	169
国家高新区生产总值（GDP）	亿元	5.4	15.3
劳动生产率	万元/人	24.8	40.6
高新技术企业数量	万家	1.8	11.5
企业研发经费投入	亿元	2749.1	10 359.1

1.3 绿色发展，工业园区生态文明的示范区

国家高新区在新发展理念指引下，通过强化顶层设计等措施综合施策，着力推进降碳、减污、扩绿、增长，将园区建设成为人与自然和谐共生的产业发展系统，率先打造生态优先、节约集约、绿色低碳发展的先行示范区。

2020年，国家高新区单位土地面积GDP产出为4.13亿元/平方公里，是全国的37.5倍。单位工业增加值综合能耗为0.45吨标准煤/万元，是全国能耗水平的42.5%，优于国家经开区1/10以上。2021年，国家高新区综合地均税收为695.42万元/公顷，是国家经开区的1.3倍（表1-3）。

表1-3 国家工业园区绿色发展指标对比

指标	单位	国家高新区	国家经开区	全国
GDP占全国GDP比重	%	13.4④	11.9⑤	—
单位土地面积GDP产出	亿元/平方公里	4.13①	3.24③	0.11⑥
综合地均税收	万元/公顷	695.42②	537.30②	—
单位工业增加值综合能耗	吨标准煤/万元	0.45①	0.52③	1.06⑥

注：①数据以2020年161家国家高新区为统计样本；
②数据来源于《自然资源部办公厅关于2022年度国家级开发区土地集约利用监测统计情况的通报》；
③数据以2017年219家国家经开区为统计样本；
④数据来源于《2020年国家高新区综合发展与数据分析报告》；
⑤数据来源于2021年国家级经济技术开发区综合发展水平考核评价结果，数据年份为2020年；
⑥数据来源于国家统计局网站2020年度统计数据。

截至2022年，49家国家高新区创建了国家绿色园区，9家获评国家循环化改造示范试点园区，14家创建了为国家生态工业示范园区（附录2），分别占各类型示范试点园区总数的22.5%、14.9%和19.2%。国家高新区成为全国工业园区绿色发展新标杆。

第二章

国内外工业园区绿色发展综述

工业园区是制造业集聚的重要产业空间，是实施制造强国战略的主阵地。锚定中国式现代化宏伟蓝图，实现中国工业高质量发展，工业园区绿色低碳发展是大势所趋。

2.1 国内工业园区绿色发展研究

2.1.1 国内工业园区绿色发展理论研究

我国学者积极探索绿色发展转型模式，不断为中国特色绿色发展提供理论基础，绿色发展内涵得到充实和丰富。从研究文献数量来看，国内工业园区绿色发展领域研究文献数量自2006年起整体呈现上升趋势，2015年绿色发展理念正式提出后迅速增长，2020年中国提出碳达峰碳中和目标后突飞猛进，标志着我国工业园区绿色发展研究步入新阶段（图2-1）。

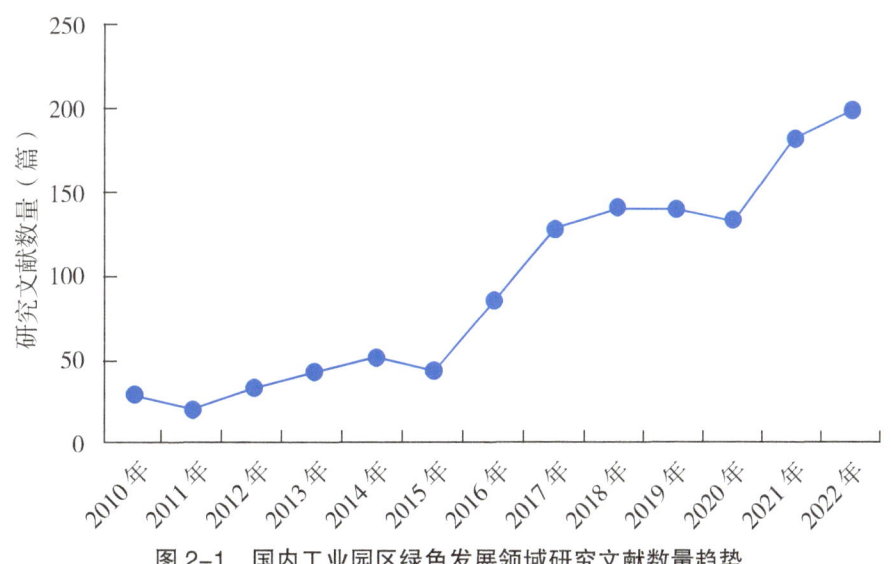

图 2-1 国内工业园区绿色发展领域研究文献数量趋势

从研究文献学科分布看，工业经济、经济体制改革、环境科学与资源利用学科的学者最为关注工业园区的绿色发展情况，其中工业经济和经济体制改革学科研究文献合计占比近50%，环境科学与资源利用学科紧随其后，占比近20%（图2-2）。

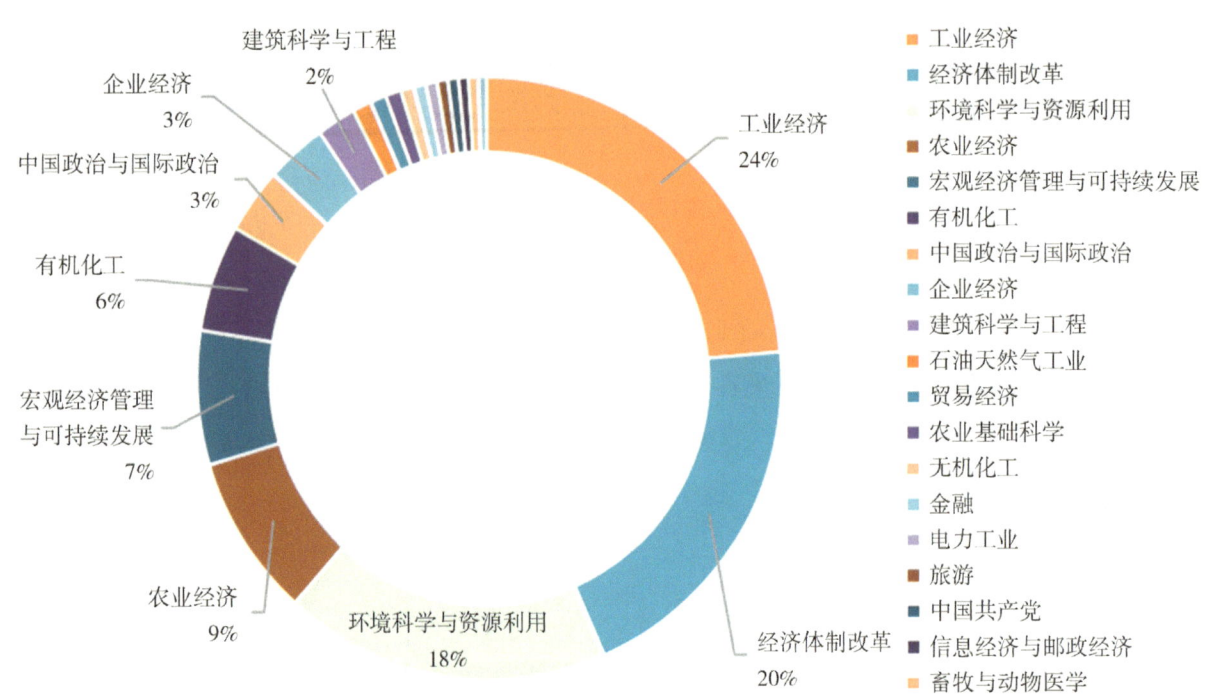

图2-2　国内工业园区绿色发展领域研究文献学科分布

从研究文献层次分布看，研究文献偏重于开发研究-政策研究、开发研究-行业研究和工程研究，不断为绿色低碳发展实践提供对策建议（图2-3）。

清华大学环境学院中国工业园区绿色发展研究中心针对工业园区绿色发展开展了大量研究。钱易（2020）提出了以生产发展、生活富裕、生态优良为目标，以资源集约利用、生态环境保护为重点的绿色发展模式。陈吕军（2021）准确把握园区特点，有针对性地提出了"以地定产、以产见碳、以碳优产"园区碳达峰路线"十二字方略"，引领园区绿色发展。吕一铮等（2021）提出人地关系调控是园区绿色发展的要点之一。郝吉明等（2022）提出全生命周期建设绿色园区的发展战略。2021年，科技部火炬中心和清华大学联合在《中国环境管理》组织"工业园区绿色发展"专题，从工业园区温室气体核算方法、国家高新区的绿色发展路径、工业园区推进环境污染第三方治理的实践创新、国际工业园区绿色低碳发展的实践经验等多个视角，探讨碳达峰碳中和目标下中国工业园区如何走出一条绿色低碳循环发展的新路子。

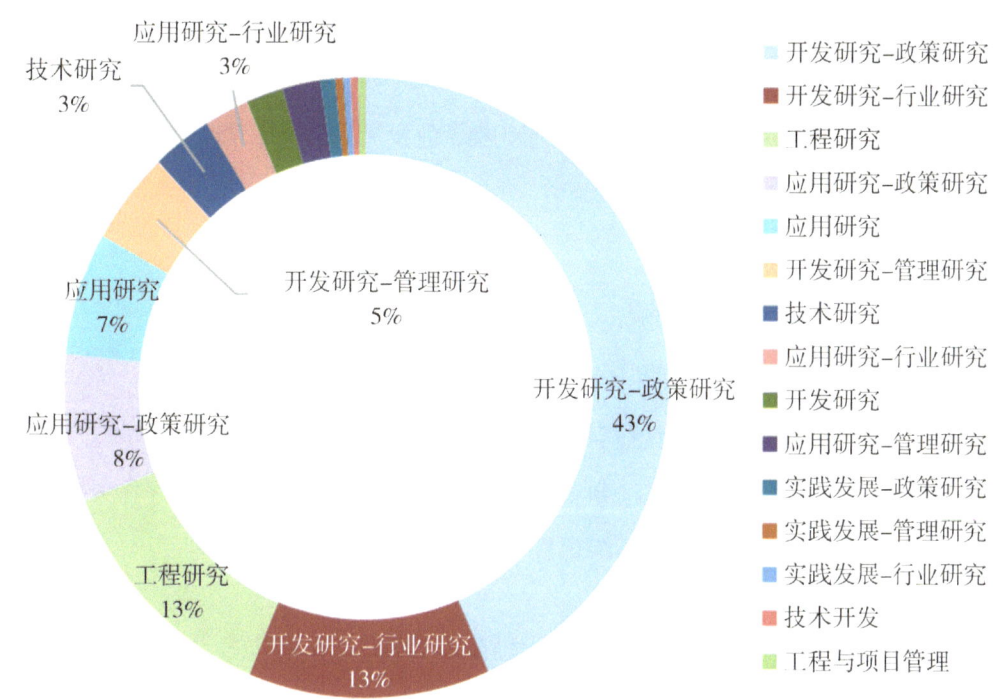

图 2-3 国内工业园区绿色发展领域研究文献层次分布

此外，许多学者在工业园区绿色发展路径设计、污染排放特征、体制机制优化等方面开展了大量研究，从多个角度为工业园区全面深入推进绿色发展提供了有益的启发和建议。解蕾等（2021）对典型国家高新区的物质能量流进行了分析，结果显示，一些国家高新区在能源产出率、水资源产出率、土地产出率、总体投入产出率、资源能源利用率、循环经济产业链完善程度等方面较标杆园区尚有较大差距，需要从产业结构优化、资源能源高效利用、循环经济与环境综合整治等方面开展路径设计，以提升园区的环境经济绩效。

对于工业园区污染排放特征的研究，李具康等（2020）、张贵友等（2020）选取不同工业园区对其土壤重金属污染风险、园区对周边环境中颗粒物和金属元素含量与浓度分布的贡献展开研究。康红勃（2022）、倪经纬等（2020）对工业园区挥发性有机物浓度分布与健康风险等方面进行研究。王科霖等（2021）针对特定行业类高新区的新污染物防控开展积极的研究，对更多工业园区污染物防控具有重要借鉴意义。

针对工业园区绿色发展的体制机制优化研究方面，周力（2021）从顶层设计的角度，分别从管理部门和园区层面提出国家高新区推进绿色低碳发展的重点任务。管理部门层面，一是要开展试点园区建设，完善方法体系和标准体系。二是推动"一园一策"，研究制定碳排放强度与总量双控目标和碳达峰路线图。三是完善考核，建立长效管理机制。园区层面，一是全面定量地对园区绿色发展的现状进行摸底。二是系统定量地评价园区低碳发展成效。三是实事求是研判园区绿色发展挑战。四是科学地研究制定园区绿色发展的目标、指标，以及碳达峰路径。

2.1.2 国内工业园区绿色发展实践

（1）国家工业园区绿色发展政策

党的十八大以来，国家非常重视工业园区的绿色低碳发展转型。科技部、生态环境部、发展改革委等政府部门分别出台了一系列引导工业园区绿色发展的政策文件，统筹产业结构调整、污染防控、生态保护、应对气候变化，绿色发展政策制度体系不断优化完善，美丽中国建设不断向前推进，走出了一条有中国特色的绿色发展道路（图2-4、附录1）。

时间	文件
2013年	《关于促进国家级经济技术开发区绿色、低碳、循环发展的实施意见》（商资函〔2013〕913号）
	《商务部关于推进长江经济带国家级经济技术开发区紧密合作与协同发展的通知》（商资函〔2015〕913号）
	《国务院办公厅关于促进国家级经济技术开发区转型升级创新发展的若干意见》（国办发〔2014〕54号）
	《国务院办公厅关于促进开发区改革和创新发展的若干意见》（国办发〔2017〕7号）
	《国务院办公厅关于完善国家级经济技术开发区考核制度促进创新驱动发展的指导意见》（国办发〔2016〕14号）
	《国务院关于推进国家级高新技术产业开发区高质量发展的若干意见》（国发〔2020〕7号）
	《国务院关于推进国家高新技术产业开发区创新提升打造改革开放新高地的意见》（国发〔2019〕11号）
	《科技部关于印发〈国家高新区绿色发展专项行动实施方案〉的通知》（国科发火〔2021〕28号）
	《商务部等10部门关于支持国家级经济技术开发区创新提升更好发挥示范作用若干措施的通知》（商资函〔2022〕549号）
	《科技部关于印发〈"十四五"国家高新技术产业开发区发展规划〉的通知》（国科发区〔2022〕264号）

图 2-4 党的十八大以来国家层面推动工业园区绿色发展的主要文件

经过多年实践，中国在推进工业园区绿色发展的过程中形成了"有标准可依、依标准建设、示范试点带动、建立长效机制"的发展路线图。国家生态工业示范园区、循环化改造园区、国家低碳工业园区、国家绿色园区建设是4类代表性示范项目，2019年生态环境部下发的《关于推荐环境综合治理托管服务模式试点项目的通知》和2020年发展改革委下发的《关于组织开展绿色产业示范基地建设的通知》是政府从新的视角着手推进工业园区绿色发展的尝试（表2-1）。

表 2-1　国家工业园区绿色发展相关重要文件

建设任务	政策文件	出台年	主管部门	实施目的
循环化改造园区	《关于推进园区循环化改造的意见》	2012年	发展改革委、财政部	把园区改造成为"经济快速发展、资源高效利用、环境优美清洁、生态良性循环"的循环经济示范园区
国家低碳工业园区	《关于组织开展国家低碳工业园区试点工作的通知》	2013年	工业和信息化部、发展改革委	加快重点用能行业低碳化改造；培育聚集一批低碳型企业；推广一批适合我国国情的工业园区低碳管理模式
国家生态工业示范园区	《国家生态工业示范园区标准》（HJ 274—2015）	2015年	环保部、商务部、科技部	推动工业领域生态文明建设，规范国家生态工业示范园区的建设和运行
国家绿色园区	《工业和信息化部办公厅关于开展绿色制造体系建设的通知》	2016年	工业和信息化部	贯彻落实《中国制造2025》《绿色制造工程实施指南（2016—2020年）》，加快推进绿色制造
环境综合治理托管服务模式	《关于推荐环境综合治理托管服务模式试点项目的通知》	2019年	生态环境部	积极探索区域环境托管服务新模式，进一步推进环境服务业发展，提升环境服务水平
绿色产业示范基地	《关于组织开展绿色产业示范基地建设的通知》	2020年	发展改革委	搭建绿色发展促进平台，不断提高绿色产业发展水平

为了推动国家高新区绿色发展，2020年国务院出台的《国务院关于促进国家高新技术产业开发区高质量发展的若干意见》（国发〔2020〕7号）》为国家高新区绿色发展提供了指引。为落实国务院决策部署，2021年科技部发布了《科技部关于印发〈国家高新区绿色发展专项行动实施方案〉的通知》（国科发火〔2021〕28号）。

（2）地方工业园区绿色发展政策

为推动工业园区绿色发展，各省份制定了相应的政策，主要集中在绿色发展专项资金、绿色技术创新、产业绿色化改造、环境污染防治、绿色低碳园区建设、绿色发展制度体系、强化组织领导和管理等方面。

浙江省出台了《关于印发加快推进浙江省长江经济带化工产业污染防治与绿色发展工作方案的通知》《关于加快促进高新技术产业开发区（园区）高质量发展的实施意见》《关于加快推进绿色低碳工业园区建设工作的通知》等政策，分别对化工产业园、高新区和工业园区的绿色发展从制度建设、科技创新和循环低碳发展等角度制定了重点任务。

江苏省出台了《关于推进绿色产业发展的意见》《关于促进全省高新技术产业开发区高质

量发展的实施意见》《江苏省"十四五"科技创新规划》《关于加快建立健全绿色低碳循环发展经济体系的实施意见》等政策，提出提升园区绿色产业发展水平，健全园区环境监测监控及预警体系、推动园区生态环境信息平台等建设，积极创建生态工业示范园区、循环化改造示范园区、绿色产业示范基地，提升产业园区和产业集群循环化水平等重点任务。

上海市出台了《关于促进本市高新技术产业开发区高质量发展的实施意见》《关于加快建立健全绿色低碳循环发展经济体系的实施方案》《关于加强产业园区生态环境管理促进产业园区高质量发展的通知》《上海市工业领域碳达峰实施方案》《关于印发〈上海市"无废城市"建设工作方案〉的通知》等政策，提出推进园区数字化、绿色低碳转型，健全绿色低碳循环发展的生产体系，实施园区低碳和循环化改造、推进园区企业清洁生产，推动重点行业降碳等重点任务。

天津市出台了《关于印发天津市加快建立健全绿色低碳循环发展经济体系实施方案的通知》，提出构建绿色低碳循环发展的生产体系，开展绿色产业示范基地创建，提升产业园区（集群）循环化水平，优化工业空间布局，引导产业协同联动、集聚发展等重点任务。

河北省出台了《关于促进高新技术产业开发区高质量发展的实施意见》《河北省"十四五"循环经济发展规划》等政策，要求推动园区循环化发展，提出完善园区产业共生体系，建立园区用能管理平台和物质流管理服务平台，开展园区污染物第三方治理，建立市场化运营、按效付费新机制，创建国家生态工业示范园区等重点任务。

山东省出台了《山东省"十四五"绿色低碳循环发展规划》，提出了2025年年底前，全部完成省级园区循环化改造，生态工业园区比例力争达到工业园区的50%以上的发展目标，制定了推动环境污染第三方治理向工业园区拓展、加快推进产业园区绿色化改造、深入实施水污染防治行动、开展碳达峰试点等重点任务。

河南省出台了《关于加快改革创新促进高新技术产业开发区高质量发展的实施意见》《河南省制造业绿色低碳高质量发展三年行动计划（2023—2025年）》等政策，提出鼓励园区科学编制绿色发展规划，支持园区内企业实施节能、节水、节材、降碳及资源综合利用等绿色化改造，推动企业和园区向产业结构高端化、能源消费低碳化、资源利用循环化、生产过程清洁化、产品供给绿色化和生产方式数字化转型，鼓励绿色工业园区建设，推行工业用地"标准地"出让等重点任务。

内蒙古自治区出台了《关于促进高新技术产业开发区高质量发展的实施意见》《关于加快建立健全绿色低碳循环发展经济体系具体措施的通知》等政策，要求提升产业园区和产业集群循环化水平，提出完善循环产业链条，推动形成产业循环耦合，持续推进开展园区循环化改造，推动公共设施共建共享、能源梯级利用、资源循环利用和污染物集中安全处置，鼓励绿色生态园区创建等重点任务。制定了全国首个《零碳产业园区建设规范》，给出了以零碳为最终目标的产业园区的建设原则、园区主要系统构成、建设中的重点工作、运维管理等内容，指导产业园区零碳培育及建设工作。

四川省出台了《关于推进四川省国家级经济技术开发区创新提升打造改革开放新高地的实施意见》《关于促进高新技术产业开发（园）区高质量发展的实施意见》等政策，提出加快绿色园区建设、优化高新区建设布局、着力提升自主创新能力、强化企业创新主体地位、打造创新型产业集群、加大开放创新力度、营造高质量发展环境、落实保障措施等重点任务。

云南省出台了《关于印发高新技术产业开发区高质量发展18条措施和高新技术企业加快发展9条措施的通知》《云南省"十四五"产业园区发展规划》等政策，提出加快园区绿色发展，坚持生态优先、绿色发展，强化"三线一单"约束，完善绿色发展机制，推动园区向绿色化、低碳化、循环化转型，支撑全省绿色低碳循环工业体系的构建，支持高新区创建国家生态工业示范园区、循环化改造示范试点园区、绿色低碳示范园区、低碳工业园区、绿色工业园区等重点任务。

广西壮族自治区出台了《关于促进广西高新技术产业开发区高质量发展的若干措施》，提出实施高新区绿色发展专项，组织国家高新区开展绿色发展"十百千"示范工程，创建"国家高新区绿色发展示范园区"，开展高新区区域生态环境空间评价，加强园区集中污染治理设施建设，支持国家高新区创建国家生态工业示范园区、国家生态文明建设示范区，鼓励自治区级高新区循环化改造等重点任务。

陕西省出台了《关于印发加快建立健全绿色低碳循环发展经济体系若干措施的通知》，提出鼓励园区和企业实施绿色制造和安全生产改造，提升开发区和产业集群绿色集约发展水平，科学编制新建产业园区开发建设规划，明确能耗、水耗、物耗、环保、产业循环链条等准入标准等重点任务。

黑龙江省出台了《关于印发黑龙江省"十四五"工业节能与绿色发展规划的通知》，提出开展工业绿色低碳微电网建设，推进多能高效互补利用，提高工业园区和绿色制造企业可再生能源和清洁能源使用比例，推动园区能源梯级利用、废物综合利用、水资源高效循环利用，构建低碳零碳导向的资源能源体系、循环经济产业链等重点任务。

2.2 国外工业园区绿色发展研究

2.2.1 国外工业园区绿色发展理论研究

绿色发展的概念最早来源于英国环境学家皮尔斯提出的"绿色经济"概念。随着区域资源能源约束趋紧，绿色发展受到越来越广泛的关注。2002年，联合国开发计划署在《中国人类发展报告2002：绿色发展 必选之路》中将绿色发展定义为"以人为本的经济增长与环境保护和谐并进的可持续发展模式"，这是联合国文件中首次提出绿色发展。2008年，联合国环境规划署（UNEP）启动了全球绿色经济计划（GEI），2009年在G20峰会上倡议各国推行绿色新政，使得绿色发展从理论研究迈入实践阶段。2011年，联合国环境规划署（UNEP）进一步提出"增进人类福祉、保障社会公平，同时削减环境危害和生态稀缺性"的绿色发展内涵。21世纪，国外工业园区绿色发展领域研究文献数量总体呈上升趋势（图2-5）。

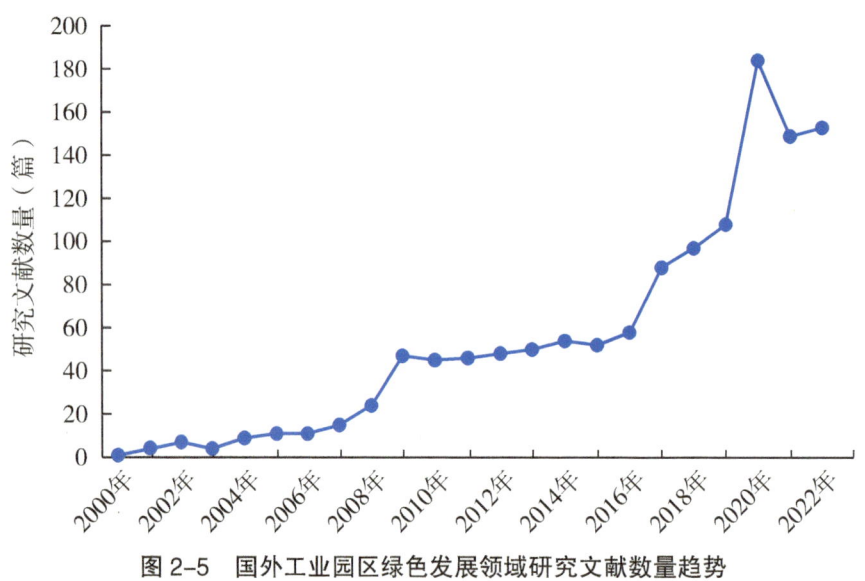

图 2-5 国外工业园区绿色发展领域研究文献数量趋势

从研究领域来看，环境科学生态学、工程、商业经济学是三大重点研究领域（图2-6），国外工业园区绿色发展的研究侧重于统筹工业经济、环境保护和可持续发展。从研究关键词来看，工业、环境监测、中国是相关领域三大热点词汇，表明随着中国工业园区建设的不断推进，中国工业园区绿色发展实践经验越来越受到国外瞩目。综合研究领域和研究关键词来看，园区产业共生、园区环境影响、园区低碳减排是国外工业园区绿色发展研究的主要热点。

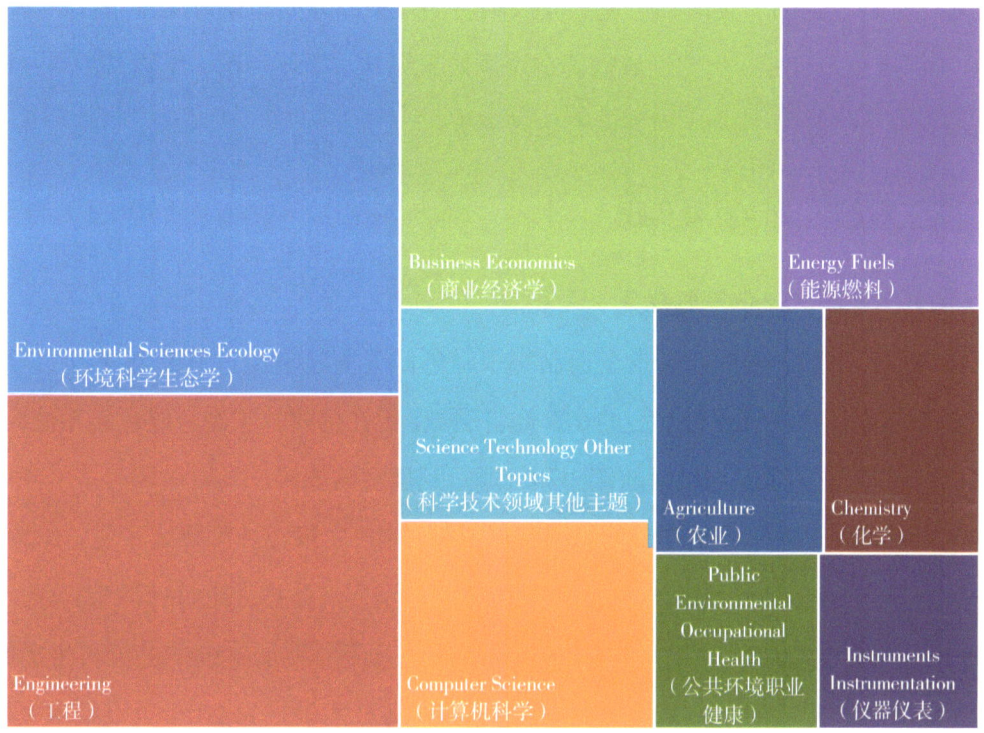

图 2-6　国外工业园区绿色发展研究领域分布[①]

在园区产业共生方面，Tiberio（2016）总结了意大利托斯卡纳地区法律在推进生态工业园区建设方面的经验。Allesina（2017）探索了咖啡渣变废为宝成为咖啡厂热源的应用路径。Freitas（2017）研究了工业废弃物在工程建设中的生态化管理。Kim（2018）研究了韩国蔚山工业园区工业余热在城市工业园区共生中的应用方案。Yeo（2019）归纳了产业共生链条搭建的框架和工具方法。Balugani（2019）归纳了 4 条主要的能源基础设施共享路径。

在园区环境影响方面，Morel（2015）研究了城市工业系统土壤的生态服务功能。Waltham（2015）定量化研究了工业发展对大堡礁沿海淡水区域和潮汐湿地环境的影响。Fabrice（2016）分析了工业地区 PM、PAHs 等有机物在大气中的季节分布特征。Smuek（2020）研究了用细菌降解长期受工业污染地区土壤中的 PAHs 的生物学方案。Marques（2020）研究了石化工业园区对周边居民健康的负面影响。

在园区低碳减排方面，Dhabia（2016）设计了经济高效的工业园区碳捕集方案。Hwangbo（2017）预测了 2040 年韩国氢能供求趋势。Strielkowski（2020）研究了 P2P 可再生电力能源市场商业模式。Mousqué（2020）设计了生态工业园区蒸汽和可再生绿电混合能源系统。Johnstone

---

① 区域面积大小与领域方向研究文献数量成正比。

（2021）对比分析了德国、英国、丹麦工业低碳转型政策的异同。Worrell（2021）指出为实现美国 2050 年深度脱碳目标，化工领域需要在资源效率提升、循环利用、生物基材料，以及碳捕集、利用与封存（CCUS）技术应用方面有更多突破。

2.2.2 国外工业园区绿色发展实践

（1）国外工业园区绿色发展政策

在政策方面，欧盟、美国、日本全面制定了绿色低碳发展路线。2019 年 12 月，欧盟公布了"欧洲绿色协议"，该协议覆盖欧盟的全部经济领域，旨在构建欧盟经济绿色转型的政策框架，希望能够在 2050 年前实现欧洲地区的碳中和，通过利用清洁能源、发展循环经济、抑制气候变化、恢复生物多样性、减少污染等措施提高资源利用效率，实现经济可持续发展。2020 年 9 月，欧盟委员会公布 2030 年气候目标计划，提出将 2030 年温室气体排放量目标调整为较 1990 年至少减少 55%，并作为实现 2050 年气候中和目标的基石。美国为了持续推进可再生能源发展，2020 年 10 月发布《关键与新兴技术国家战略》，将能源技术确定为 20 个重点技术领域之一，强调在可再生能源技术上要取得领先。日本 2021 年 6 月修订的《2050 碳中和绿色增长战略》设立了绿色创新基金，碳回收被定位为实现碳中和的关键技术。

（2）国外工业园区绿色发展典型案例

1）澳大利亚奎纳纳工业园区

奎纳纳工业园区（KIA）是澳大利亚西部贸易海岸的重工业中心，主要包括电池供应链锂镍矿物精炼、氢氧化锂生产、氧化铝精炼、石油精炼、水泥生产、氨和硝酸铵生产等化学和资源加工产业。园区以产业共生链网为重要抓手，不断延链补链，成功打造由 34 家企业组成的循环利用 65 种产品/副产品的 179 条产业共生链，实现了绿色高质量发展。2022 年，园区年销售收入达 138 亿美元。

一是基于地理优势打造全产业共生链网。由于园区与其他工业中心和主要资源节点存在隔离，因此该地区充分发挥地理隔离优势，"自下而上"和"自上而下"相结合，发展出一种独特的重工业、制造业、服务业相互连接、相互支持，公共基础设施共建共享的生态链网。该链网使企业能够降低场地之间材料运输的成本，并通过蒸汽和电力热电联产等活动提升能源利用效率。随着园区良性发展，园区产业协同效应日益明显，成功打造出一个携手共进的工业生态圈（图 2-7）。

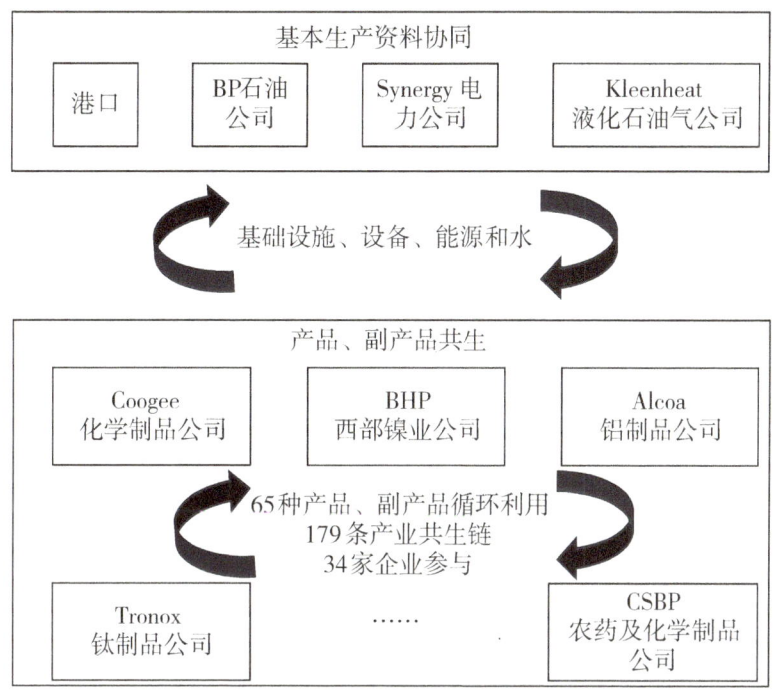

图 2-7　奎纳纳工业园区产业共生链网模式

二是建立行业协会协作发展机制。奎纳纳工业园区商业联合委员会（KIC）是推进工业园区生态化发展的核心和关键。自 1991 年成立以来，委员会积极推进企业之间建链延链的对话交流，提供企业相互关联、合作共赢的信息，保障基础设施建设，为企业创造最经济的资源能源循环利用条件，使企业间形成良好的产业互动关系。为进一步推进园区绿色高质量发展，委员会制定了三步走零碳发展战略：首先核算成员温室气体排放情况；其次确定可行的减排战略和技术；最后落实减排战略和技术。

三是构筑重工业服务带。在园区南端到北端 8 千米范围内集中发展服务于化学制造和炼油工业等核心产业的专业制造、建造、劳动力租赁供应及专业设备维护产业，营造良好的营商环境。在园区和住宅区之间布局缓冲区，确保附近的居民社区免受园区工业发展影响，保护现有工业区域免受不适当土地使用（如住宅、学校等）的侵占。

2）新加坡裕廊岛工业园区

裕廊岛工业园区是新加坡典型的工业园区。裕廊岛位于新加坡西南海滨，总面积 32 平方千米，是新加坡政府将本岛南部的 7 个小岛用填海的方式连接而形成的人工岛屿。20 世纪 60 年代，岛上只有两家炼油厂，1991 年新加坡政府开始对裕廊岛进行全面规划，将 7 个小岛连成一片，并于 20 世纪 90 年代中期开始填土工程。新加坡政府已经投资约 52 亿美元用于岛上服务设施建设，建成了完善的配套基础设施体系，截至目前已拥有 100 多家领先的全球能源、石化和特种化学品公司，形成了完整的石油和化学工业体系，是全球重要的石油炼制中心和乙烯生产中心。

一是产业共生链网构建。裕廊岛是采用政府主导、市场化运作模式对园区进行开发和管理，以及入园项目的咨询、规划设计的。在产业链构建方面，裕廊岛通过政策引导企业形成上下游一体化的产业链网模式，以新加坡石化公司为核心，周边 10 家企业互供近 20 种原料、产品和服务。在基础设施方面，裕廊岛全方位建设公用工程，包括水、电、天然气、蒸汽、公用气体、码头、仓储、管廊、污水处理厂、危废焚烧、应急等多个方面，使得化学品原料大量以管道输送的方式流转于企业间，极大地提高了生产效率，有效地降低了环境风险。

二是绿色产品替代。2021 年，在推出的《2030 年新加坡绿色发展蓝图》绿色经济支柱中，新加坡政府首次提出将裕廊岛转型为一个可持续发展的能源和化工园区，设定如下目标：到 2030 年，能源与化工业的可持续产品产出将比 2019 年增长 1.5 倍，确保炼油厂和裂解厂的能源效率排名世界前 1/4，并实现至少 200 万吨碳捕集的潜能。第一，低碳能源产品转型。例如，壳牌设定了 2050 年净零排放的目标，产品将从石化产品逐步向可再生电力、生物燃料等转型。第二，低碳技术的供给与应用。一方面，政府计划在裕廊岛布局碳捕集与利用的实验设施。另一方面，企业也在致力于碳捕集和利用（CCU）、H_2 应用、生化的绿色产品替代及石化的碳效率提高等绿色技术的研究和创新。例如，布拉斯科宣布了扩大生物聚合物生产的计划。巴斯夫启动了一项循环经济计划，该计划旨在以化学回收的塑料废弃物为原料，规模化生产高性能产品——二次原料（热解油），计划到 2030 年销量翻一倍，达到 170 亿欧元。

3）奥地利 NÖ-Süd 工业园区

奥地利的 NÖ-Süd 工业园区成立于 1962 年，占地 280 公顷，由 370 家企业组成，企业主要为中小型企业和国际企业，大多租用设施作为办公、储存和生产空间。

一是企业管理模式。园区由一家私营企业控股公司 Ecoplus 管理。Ecoplus 的任务是确保该园区的附加值，创造当地就业机会，并促进区域可持续发展，核心竞争力是开发和管理定制租赁物业。Ecoplus 提供一站式服务，是连接企业、公共部门和合作伙伴的枢纽，并提供了从概念化商业理念到融资的指导。

二是基础设施共享。园区运营并提供了一系列集中式基础设施，2015—2017 年全面翻新了中央污水处理厂，建设了 17 千米的进场道路和公交线路、铁路线路，以及货运站。注重生态防护绿地建设。园区的物理边界内保留了 10 平方千米的绿地，确保了休闲区专用空间，塑造了景观美化的积极形象。园区还致力于可再生能源发电，以满足低能源标准，同时为电动汽车准备充电站等基础设施。

三是人才建设。园区与邻近4个城市的职业学校建立了长期合作关系。这种合作在确保招聘和留住高技能劳动力方面尤其有益。此外，园区正在通过与学术界合作和与企业建立对话平台来解决工业发展、环境和社会可持续性问题。

4）越南生态工业园

在过去10年里，越南经历了主要由加工和制造业推动的快速经济增长。为了促进新工业的建立，政府设立了工业园区，工业园区占全国工业产值的40%，占全国出口总值的49%。然而，工业活动也对环境和人类健康造成了负面影响。资源管理效率低下，增加了温室气体排放，造成了水和土壤污染。

基于此，2015年越南政府联合联合国工业发展组织（UNIDO）提出了"生态工业园区倡议"，旨在将现有的工业园区改造为生态工业园区，2018年首次在法律文件中规定了生态工业园区的概念，并于2022年出台了新的管理条例。截至2022年，已完成同奈Amata工业区、海防Deep C工业区、胡志明市协福工业区、芹苴茶诺1&2工业区、岘港和庆工业区等试点，目前正准备实施第二阶段试点，收集形成有关越南生态工业园区试验数据基础系统，制定发展生态工业园区的引导文件，包括越南生态工业园区的建设目标、方法和指标体系等。

2015—2019年共有超过72家企业参加试点工作，实施了900多个节能项目，节省电能逾2.2兆瓦时、净水60万立方米、化石能源140万亿焦耳，化学物质和废弃物排放减少近3600吨，每年节约了760亿越南盾，带来了经济、社会和环境效益。

国际上针对工业园区绿色低碳发展的多样化研究和实践，为中国工业园区提供了有益的借鉴和参考，以高新区为代表的一些园区积极开展绿色低碳循环领域的国际合作，在借鉴吸收的基础上，通过创新、圆融、共赢，形成了中国园区经验和开发区精神，铸就创新创业自信自强的精神品格。在"一带一路"海外产业园区建设中，推广应用我国生态工业园区形成的标准规范、基础设施、产业共生等典型经验和做法，既是我国绿色低碳发展"走出去"的重要内容，也是共同推进可持续发展的落脚点。

第三章

新时代新征程国家高新区绿色发展新使命

3.1 应对全球气候变化新挑战的迫切需要

《2022年全球气候状况报告》指出，由于温室气体达到了创纪录水平，陆地、海洋和大气发生了全球范围的变化。2015—2022年是有记录以来最暖的8年。冰川融化和海平面上升在2022年再次达到了创纪录的水平，而且这一趋势还将持续数千年之久。2022年，东非的持续干旱、巴基斯坦的破纪录降雨及中国和欧洲的破纪录热浪影响了数千万人，导致了粮食不安全，推动了大规模迁移，并造成了数十亿美元的损失。

气候变化带给人类的挑战是现实的、严峻的、长远的，是当今人类社会面临的最为重大的非传统安全问题之一，是全人类面临的共同挑战，应对气候变化是人类共同事业。习近平总书记在党的二十大报告中指出，"积极参与应对气候变化全球治理"。党的十八大以来，以习近平同志为核心的党中央高度重视应对气候变化国际合作，坚持共同但有区别的责任原则、公平原则、各自能力原则，坚定维护多边主义，引导应对气候变化国际合作，积极参与和引领全球气候治理，成为全球生态文明建设的重要参与者、贡献者、引领者。

2022年，中国单位国内生产总值（GDP）二氧化碳排放比2005年下降51.2%，相当于累计减少排放二氧化碳约63.33亿吨，基本扭转了二氧化碳排放快速增长的局面。森林覆盖率和蓄积量连续30多年实现"双增长"，成为同期全球森林资源增长最多的国家，新增森林蓄积量已提前完成2030年目标。中国新能源汽车产销已经连续8年领跑全球，光伏、风电等关键零部件占到全球市场的七成，有效支撑了全球其他国家的绿色低碳转型进程。与此同时，中国探索解决气候变化问题，不仅有助于实现"人与自然和谐共生"的中国式现代化，也将为全球绿色发展提供新范式。

习近平总书记在2023年7月11日主持召开中央全面深化改革委员会第二次会议时强调，要立足我国生态文明建设已进入以降碳为重点战略方向的关键时期，完善能源消耗总量和强度调控，逐步转向碳排放总量和强度双控制度。

实现碳达峰、碳中和是一场广泛而深刻的经济社会系统性变革，难点在于如何处理好减排降碳和经济增长的关系。作为创新驱动发展的示范区和高质量发展的先行区，国家高新区更要深入践行绿色发展理念，巩固提升绿色发展优势，探索生态文明与科技创新、经济繁荣相协调、相统一的可持续发展新路径，为引领我国经济、科技、社会、生态全面高质量发展作出新的贡献。聚焦能效提升、零碳排放、负碳技术，大力培育绿色技术、绿色产业、绿色新物种企业，搭建绿色技术应用场景，优化绿色基础设施、绿色低碳发展专项政策、低碳发展体制机制等发展环境，引领科技创新、经济发展与绿色生态深度融合、协调发展，在实现碳达峰、碳中和方面作出表率。

3.2 实现第二个百年奋斗目标的现实需要

习近平总书记在党的二十大报告中指出，"从现在起，中国共产党的中心任务就是团结带领全国各族人民全面建成社会主义现代化强国、实现第二个百年奋斗目标，以中国式现代化全面推进中华民族伟大复兴""中国式现代化是人与自然和谐共生的现代化""推动绿色发展，促进人与自然和谐共生"，清晰擘画了中华民族实现永续发展的美好前景。绿色发展是发展观的深刻革命。加快发展方式绿色转型，不仅可以满足人民日益增长的生态环境需要，而且可以推动实现更高质量、更有效率、更加公平、更可持续、更为安全的发展，促进经济社会发展和生态环境保护协同共进，推进建设人与自然和谐共生的现代化。

立足新发展阶段，国家高新区作为我国实施创新驱动发展战略、推动高质量发展的重要载体，承载着加快实现高水平科技自立自强、着力提升经济发展质效的重要使命。国家高新区要深入贯彻落实习近平总书记"又高又新"重要指示精神，积极推动党的二十大精神在国家高新区落地生根，推动科技创新关键变量转化为高质量发展的最大增量，为实现中国式现代化作出"高新"贡献。国家高新区要勇担使命，探索现代化经济体系建设路径，顺应世界科技园区发展趋势，切实增强推进高质量发展的自觉性，以战略领先、科技领先、制度领先和文化领先为引领，持续实施拔尖筑峰领航战略、提质增效领创战略、协同联动领雁战略和创新治理领先战略，着力提升创新策源能力、创新资源汇聚能力、技术创新融通能力、产业集聚能力和开放合作能力，打造新时代国家高新区高质量发展升级版，为实现第二个百年奋斗目标，建设人与自然和谐共生的现代化提供"高新区方案"。

3.3 加快建设我国高质量发展先行区的迫切需要

党的二十大报告提出，"加快实施创新驱动发展战略""加快构建新发展格局，着力推动高质量发展"，对创新驱动发展、高质量发展提出明确要求。

国家高新区是中国深化经济体制改革和科技体制改革的产物，是通过经济体制改革和科技体制改革的融合，探索实现创新驱动发展的伟大实践。国家高新区经过30多年发展，已经成为我国实施创新驱动发展战略的重要载体，在转变发展方式、优化产业结构、增强国际竞争力等方面发挥了重要作用，走出了一条具有中国特色的高新技术产业化道路。《国务院关于促进国家高新技术产业开发区高质量发展的若干意见》（国发〔2020〕7号）对国家高新区赋予了新时代下新的定位，要成为创新驱动发展示范区和高质量发展先行区。

当前我国已进入新发展阶段，必须贯彻新发展理念，构建新发展格局，推动高质量发展，国家高新区发展面临新形势、新使命、新要求。国家高新区将完整、准确、全面贯彻新发展理念，加快构建新发展格局，继续按照"发展高科技、实现产业化"方向，聚焦"四个面向"，做好"高"和"新"两篇文章，统筹落实创新驱动发展战略和国家重大区域战略，坚持科技创新和体制机制创新双轮驱动，以推动高质量发展为主题，以强化创新功能、支撑高水平科技自立自强为主线，以培育具有国际竞争力的企业和产业为重点，以营造良好创新创业生态为抓手，全面建设创新驱动发展示范区和高质量发展先行区，为创新型国家建设作出新的更大贡献。

3.4 引领示范其他区域绿色发展的迫切需要

绿色低碳循环是高质量发展的基础支撑。全国2543家国家级和省级工业园区贡献了50%以上的工业产出，二氧化碳排放量占全国的31%，工业园区已成为工业污染防治和中国温室气体减排的主战场，是工业部门实现碳达峰碳中和必须牵住的"牛鼻子"。深入挖掘园区绿色发展的系统作用和集成效应，实现绿色化、低碳化、循环化、生态化、数字化发展是高质量发展的必由之路。

党的十八大以来，国家高新区全面落实"又高又新"的要求，发挥了重要的示范引领作用，走出了一条中国特色高新技术产业化道路，成为科技体制改革的"试验田"、创新驱动发展的"排头兵"和高质量发展的"开路先锋"，持续支撑国民经济健康良性发展。尤其在绿色低碳发展上，国家高新区通过持续完善环境管理体系认证，创新环境保护和绿色发展政策，积极推动构建现代环境治理体系，生态环境质量改善取得积极成效，绿色发展理念不断深入，绿色发展成效日益突出，一批国家高新区已成为所在城市能耗最低、生态最优、环境最美的区域。

2023年全国生态环境保护大会上，习近平总书记强调我国经济社会发展已进入加快绿色化、低碳化的高质量发展阶段，生态文明建设仍处于压力叠加、负重前行的关键期，必须以新时代中国特色社会主义生态文明思想为指导，正确处理五大关系（高质量发展和高水平保护的关系、重点攻坚和协同治理的关系、自然恢复和人工修复的关系、外部约束和内生动力的关系、"双碳"承诺和自主行动的关系），以更高站位、更宽视野、更大力度来谋划和推进新征程生态环境保护工作，以高品质生态环境支撑高质量发展，加快推进人与自然和谐共生的现代化，谱写新时代生态文明建设新篇章。

新阶段、新征程、新使命，国家高新区必须站在人与自然和谐共生的高度谋划发展，延续"创新引领高质量发展"实践路径，推动节能减排，优化绿色生态环境，加强绿色技术供给，构建绿色技术创新体系，发展绿色产业，构建绿色产业体系，搭建绿色平台，完善绿色制度体系，在我国工业园区绿色低碳循环发展方面做到战略领先、科技领先、制度领先、文化领先，成为高质量发展的"排头兵""领头羊""顶梁柱"。

第二篇

国家高新区绿色发展现状

第四章

国家高新区绿色发展基础

4.1 空间分布格局

自1988年首家国家高新区成立，30多年来国家高新区队伍和规模不断壮大，到2022年12月全国共建设了177家国家高新区，覆盖31个省级行政区、160余个城市。从数量演变上看，国家高新区在2000年各省份数量差异较小，其中23个省份数量为1~2家，占比达82%，4个省份数量为3~5家；二次创业阶段，国家高新区逐渐向东部沿海地区集中，呈现自东向西数量递减的特征，中部地区次之，西部地区最少。到2022年12月，东部沿海地区国家高新区数量占比达到40.7%，尤其是江苏、山东、广东三省数量均达到了10家以上（表4-1）。

表4-1 2000年和2022年各省份国家高新区数量

单位：家

省份	2000年	2022年	省份	2000年	2022年
北京	1	1	甘肃	1	2
福建	2	7	广西	2	4
广东	6	14	贵州	1	3
海南	1	1	内蒙古	1	3
河北	2	5	宁夏	0	2
江苏	5	18	青海	0	1
山东	5	13	陕西	3	7
上海	1	2	四川	2	8
天津	1	1	西藏	0	1
浙江	1	8	新疆	1	4

续表

省份	2000年	2022年	省份	2000年	2022年
安徽	1	8	云南	1	3
河南	2	9	重庆	1	4
湖北	2	12	黑龙江	2	3
湖南	2	9	吉林	2	5
江西	1	9	辽宁	3	8
山西	1	2			

注：米黄色标签表示增长量在6家以上的省份。

从空间密度上看，国家高新区空间分布差异显著增大，整体聚集在胡焕庸线东南侧，形成"一主核""两次核""多点""成片"的空间分布格局。其中，"一主核"为长三角城市群，"两次核"为粤港澳城市群和成渝城市群。长三角城市群在空间上形成了由内向外密度值梯度递减的中心－外围结构，在外围形成核心区的辐射区，粤港澳城市群和成渝城市群核心集聚区较小。长江中游至中原城市群、山东半岛城市群至长三角城市群出现连绵成片集聚区。三大核心集聚区及成片集聚区经济实力雄厚、创新资源聚集、城市化水平较高，因此国家高新区在此分布集中（图4-1）。

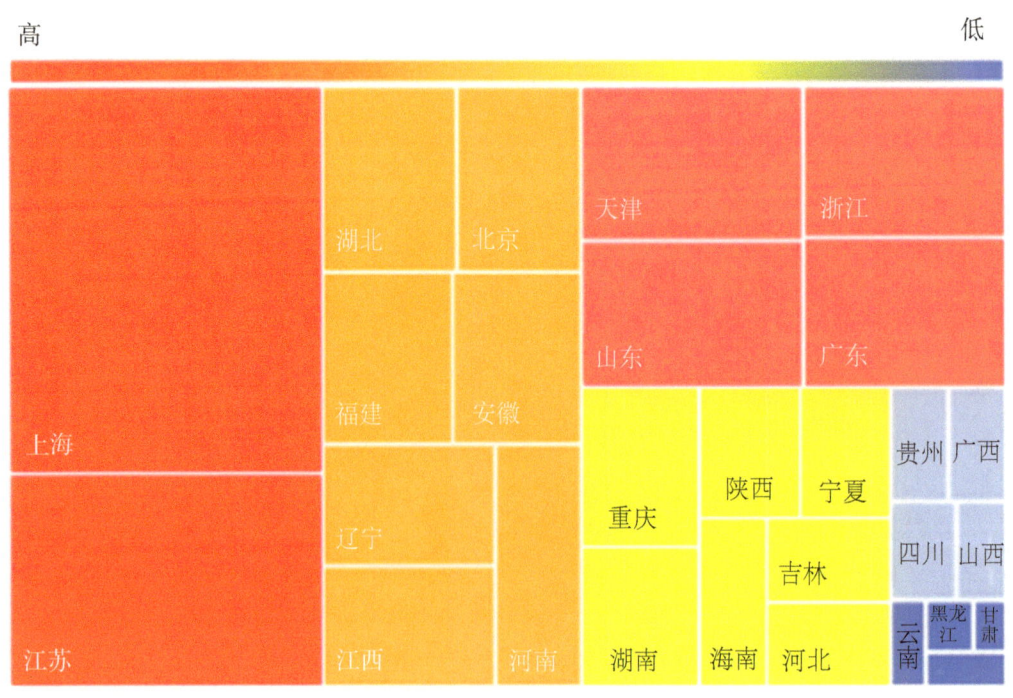

图4-1 2022年各省份国家高新区密度现状分布

4.2 经济发展情况

2020年国家高新区工业总产值达到256 356亿元，其中东部地区国家高新区工业总产值达到150 775亿元，占比为58.9%，中部地区、西部地区和东北地区占比分别为20.2%、16.1%和4.9%。"十三五"期间，国家高新区工业总产值增长了30.2%，其中东部地区国家高新区工业总产值增长了48.0%，中部地区和西部地区分别增长了11.5%和19.0%，东北地区下降了9.6%（图4-2）。

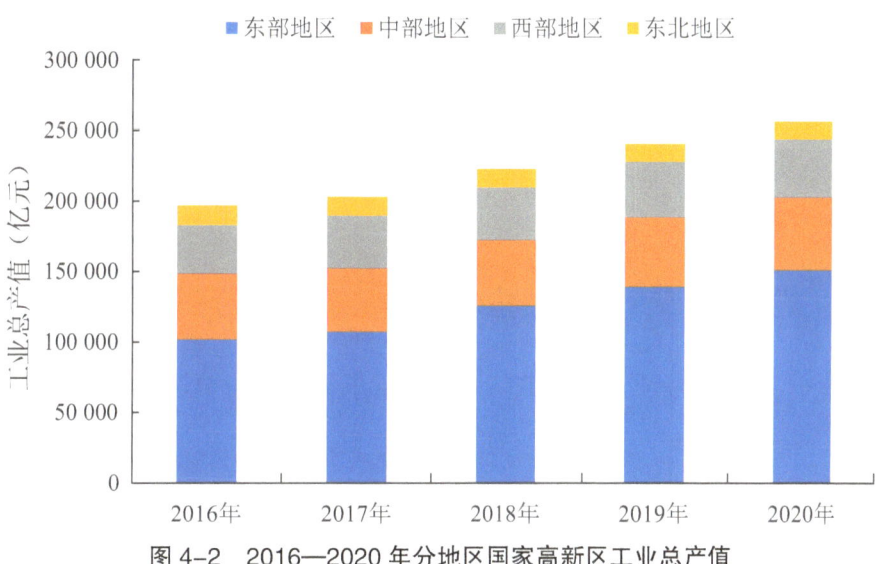

图4-2 2016—2020年分地区国家高新区工业总产值

从人均工业总产值来看，2020年国家高新区人均工业总产值达到95.1万元，其中东部地区达到91.6万元，中部地区为99.7万元，西部地区和东北地区分别为106.1万元和103.1万元（表4-2）。

表4-2 2020年国家高新区人均工业总产值

东部地区		中部地区		西部地区		东北地区	
省份	人均工业总产值（万元）	省份	人均工业总产值（万元）	省份	人均工业总产值（万元）	省份	人均工业总产值（万元）
北京	33.4	山西	86.7	甘肃	74.3	黑龙江	96.5
上海	77.3	河南	88.4	贵州	78.0	辽宁	100.5
海南	79.3	湖南	90.9	西藏	83.9	吉林	116.3
福建	80.2	湖北	99.2	四川	84.7		

续表

东部地区		中部地区		西部地区		东北地区	
浙江	83.6	安徽	102.7	陕西	93.8		
天津	87.3	江西	123.4	重庆	109.5		
广东	91.1			青海	111.8		
山东	116.0			宁夏	116.9		
江苏	117.2			云南	124.5		
河北	142.9			新疆	130.3		
				广西	132.9		
				内蒙古	171.1		

4.3 科技创新情况

国家高新区深入实施创新驱动发展战略，持续集聚创新创业要素，搭建区域创新平台，是新观念、新研发、新创业、新产业、新治理的发源地和试验场，已经成为城市创新发展的策源地和先行者、区域科技创新中心的核心载体，在促进发展方式转变、推动高质量发展中充分发挥示范引领作用。

专栏 4-1　国家高新区科技创新案例

近 10 年来，国家高新区在量子信息、高速铁路、北斗导航、国产大飞机、5G 通信等国家战略性领域取得重大突破，参与了"蛟龙"号研制、神舟十四号发射、新冠疫苗研发等一系列国家重大科技任务，诞生了第一枚人工智能芯片、第一颗量子通信卫星等，涌现了华为、腾讯、宁德时代等世界一流企业，产生了超过半数的"中国生物医药百强"企业、90% 的"中国互联网百强"企业和 67% 的科创板上市企业，培育和集聚了全国 35.9% 的科技型中小企业、36.2% 的高新技术企业，是国家科技创新的中坚力量。疫情期间，承担国家"新冠肺炎疫情防控应急科研攻关项目"的 58 家企业中有超过 2/3 为国家高新区的企业，13 家牵头企业中有 12 家位于国家高新区内。

上海张江高新区 2020 年国家级创新创业载体占全市 4/5，科创板上市企业占全市 6/7，战略性新兴产业工业总产值占全市比重超过 60%，成功打造国内产业链最完备、综合技术

> 最先进、自主创新能力最强的集成电路产业基地，产业规模占全市比重约为87%，全国占比为1/5。生物医药工业总产值约占全市78%，人工智能产业加速集聚，企业数量与产业规模约占全市70%。
>
> 合肥高新区2022年有效发明专利占全市1/4，各类创新平台占全市70%、占全省近40%，入选全国首批、全省唯一国家级知识产权强国建设示范园区。
>
> 西安高新区以"硬科技"品牌为创新旗帜，在全国率先启动建设首个硬科技创新示范区，建立"科技型中小企业—高新技术企业—科技小巨人"的硬科技企业梯度成长培育体系，截至2020年，企业研发费用占GDP比重超过6%，国家级高新技术企业数量突破3000家，万人有效发明专利拥有量位居全国高新区第一。

（1）知识产权

2016—2020年国家高新区拥有发明专利量从39.6万件增长到100.5万件，增幅达到153.8%，占全国拥有发明专利量的比例从22.4%增长到45.4%；每万人拥有发明专利量从219.4件增长至421.6件，增幅达到92.2%（图4-3）。

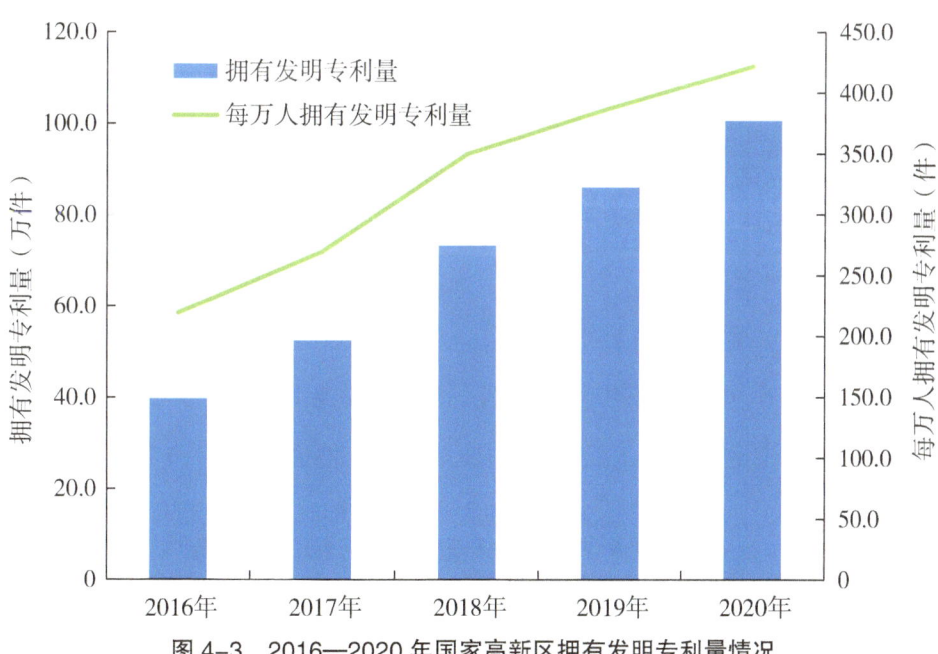

图4-3　2016—2020年国家高新区拥有发明专利量情况

东部地区国家高新区在知识经济、产业价值链层级方面均显著优于其他3个地区。例如，2019年东部地区国家高新区的企业100亿元增加值拥有知识产权数量和各类标准数量高达6351

件，分别是东北地区、西部地区、中部地区的2.4倍、1.7倍和1.6倍；高技术产业营业收入占营业收入比例为38.9%，分别是东北地区、西部地区、中部地区的2.5倍、1.4倍和1.8倍。

（2）研发投入

国家高新区不断加大研发投入，是我国突破关键核心技术的重要力量。2019年国家高新区财政科技支出占当年财政支出比例最高的是中部地区，达到16.9%；其次是东部地区，为16.0%；西部地区和东北地区相对较低，分别为12.9%和8.3%。从省份分布来看，2019年国家高新区财政科技支出占当年财政支出比例高于50%的分别是北京、海南和上海，除此之外，安徽、天津、陕西、重庆、广东5个省份占比均在20%以上。

2020年，全国169家国家高新区高新技术企业为10.1万家，高新技术企业工业产值为140 784.7亿元，占园区工业总产值的54.9%，相比2016年高新技术企业数量和工业产值增幅分别达到2.5倍和58.4%。其中，东部地区集聚了国家高新区63.9%的研发人员、52.7%的研发机构、65.7%的当年新认定高新技术企业、59.0%的创新服务机构、78.3%的创投机构风险投资、57.0%的在孵企业。

以瞪羚企业、独角兽企业为代表的高成长企业逐渐成为国家高新区创新发展新引擎。2016—2020年，国家高新区瞪羚企业数量从2576家上升到3321家，增幅达28.9%，占全国瞪羚企业数量的10%以上。

（3）创新平台

截至2020年年底，国家高新区内共有各类大学1137所、研究院所4312家、博士后科研工作站2844个，其中国家认定博士后科研工作站1577个。国家高新区累计建设国家重点实验室386个、国家工程技术研究中心253个、国家工程研究中心（国家工程实验室）288个、国家地方联合工程研究中心（工程实验室）482个，其中，国家重点实验室、国家工程研究中心（国家工程实验室）数量占全国的比重均超过70%。各类企业技术中心1.6万个，其中国家认定的企业技术中心887个，占全国国家认定的企业技术中心的50.9%（表4-3）。

表4-3　2016年和2020年国家高新区创新平台数量

创新平台	单位	2016年	2020年
国家重点实验室	个	329	386
国家工程研究中心（国家工程实验室）	个	108	288
国家工程技术研究中心	个	225	253

续表

创新平台	单位	2016年	2020年
国家级科技企业孵化器	个	450	739
科技企业加速器	个	452	888
众创空间（科技部备案）	个	541	1147
国家技术转移示范机构	个	281	313
国家产业技术创新战略联盟	个	145	174
国家或行业归口的研究院所	个	670	1154
国家认定的企业技术中心	个	553	887

（4）人才集聚

国家高新区坚持以人为本，强化人才是第一资源观念，不断创新人才发展体制机制，优化人才发展环境，持续整合和集聚高端创新资源，最大限度激发人才创新创业活力，为园区绿色发展提供强有力的人才支撑和智力保障。

2020年，国家高新区从事科技活动人员共计514.4万人，同比增长10.4%，占从业人员总数的21.6%。国家高新区企业中专业技术人员为671.8万人，占从业人员总数的28.2%。从业人员中，本科及以上学历人员数为942.6万人、每万名从业人员中R&D人员折合全时当量为849.0人年，是全国每万名从业人员中R&D人员折合全时当量（67.8人年）的12.5倍。

分地区看，2019年东北地区、东部地区、西部地区、中部地区的国家高新区企业R&D人员全时当量分别为4.9万人年、116.2万人年、24.2万人年和36.6万人年。其中，东部地区集聚了国家高新区63.9%的研发人员资源，中部地区和西部地区集聚了20.1%和13.3%的研发人员资源。相比上一年，2019年东部地区占比有所提升。2019年国家高新区企业R&D人员全时当量超过10万人年的省份共有6个，分别为广东、江苏、北京、湖北、浙江和陕西。

> **专栏4-2 国家高新区人才引进成效**
>
> 江苏省宜兴环科园引进节能环保产业各类高层次人才1000多名，包括外籍院士9名，曲久辉、任洪强、任南琪等两院院士19名。
>
> 苏州高新区全区集聚绿色相关企业共3000余家，培育出各类绿色行业领军人才近200人，双碳概念相关上市企业12家，开发项目超过500项。

> 南京高新区积极实施"创业南京"英才计划、"345"海外高层次人才引进计划等，探索实行特殊人才特别举荐制度，集聚和培养尖端人才。
>
> 无锡高新区以"太湖人才计划""飞凤人才计划"吸引所需要人才，大力实施低碳人才工程。
>
> 常州高新区实施"龙城英才计划"等各级各类人才项目和人才引领强化工程，建立绿色发展紧缺型人才需求信息发布和定向联系引进机制，探索"领军人才＋配套团队＋先进技术＋孵化项目＋专项基金"全链条人才引进模式。
>
> 江阴高新区实施"暨阳英才计划"，推进"百千万"引才专项行动，大力引进符合发展需求的国内外领军人才。
>
> 石家庄高新区坚持海外人才和国内人才并重、顶尖人才和基础人才并行，初步构建从诺贝尔奖得主、中外院士，到优秀大学毕业生和技能型人才的全维度、多层次人才引进和服务体系。建成全省首家人力资源服务产业园，产业园入驻机构66家，成功获批国家级产业园。
>
> 武汉东湖高新区发布《关于推动人才创新创造支撑东湖科学城建设的若干措施》和《"3551光谷人才计划"实施办法》，要求每年拿出地方一般公共预算支出的5%用于支持人才创新，以更大的动力来驱动人才发展。所有人才项目的支持力度全部提升，顶尖人才"一事一议"，最高支持1亿元。发布"东湖科学城招贤榜"，引进领军人才，最高支持1000万元，给予人才自主支配资金的权利，可将资助资金全部用到人才身上。
>
> 长春高新区在东北地区率先启动人才管理改革试验区建设，突破性实施7项外籍人才出入境优惠政策，连续发布9批"长白慧谷"英才计划，累计引进海外归国人员1000多人，入选国家创新人才培养示范基地。

4.4 构建区域科技创新体系

综合性国家科学中心是国家创新体系建设的基础平台，是代表国家参与全球科技竞合的重要力量，是构建区域创新网络的重要龙头，是驱动高质量发展的重要引擎。

《中华人民共和国国民经济和社会发展第十四个五年规划和2035年远景目标纲要》明确提出，支持北京、上海、粤港澳大湾区形成国际科技创新中心，建设北京怀柔、上海张江、大湾区、安徽合肥综合性国家科学中心，支持有条件的地方建设区域科技创新中心。强化国家自主创新示范区、高新技术产业开发区、经济技术开发区等创新功能。适度超前布局国家重大科技基础设施，提高共享水平和使用效率。2020年，《科技部印发〈关于推进国家技术创新中心建设的总体方案（暂行）〉的通知》（国科发区〔2020〕70号）提出，到2025年，布局建设若干国家技术创新中心，突破制约我国产业安全的关键技术瓶颈，形成若干具有广泛辐射带动作用的区域创新高地，为构建现代化产业体系、实现高质量发展、加快建设创新型国家与世界科技强国提供强有力支撑。

2021年5月28日，习近平总书记在中国科学院第二十次院士大会、中国工程院第十五次院士大会、中国科协第十次全国代表大会上发表重要讲话，指出："要支持有条件的地方建设综合性国家科学中心或区域科技创新中心，使之成为世界科学前沿领域和新兴产业技术创新、全球科技创新要素的汇聚地。"这充分揭示了综合性国家科学中心在新发展阶段重大的科技使命与突出的战略地位。

截至2023年1月，全国共批复了5个综合性国家科学中心、3个国际科技创新中心和3个区域科技创新中心（表4-4、表4-5）。根据清华大学产业发展与环境治理研究中心联合自然科研发布的2021年国际科技创新中心指数评价结果，北京、上海和粤港澳大湾区国际科技创新中心分别排第4名、第14名和第7名，其创新能力位于国际先进行列。

表4-4 综合性国家科学中心名单（截至2023年1月）

序号	综合性国家科学中心	参建高新区	批复时间
1	合肥综合性国家科学中心	合肥高新区	2017年
2	上海张江综合性国家科学中心	上海张江高新区	2016年
3	北京怀柔综合性国家科学中心	中关村	2017年
4	大湾区综合性国家科学中心	东莞松山湖高新区 深圳高新区	2020年
5	西安综合性国家科学中心	西安高新区	2023年

表4-5 科技创新中心名单（截至2023年1月）

序号	城市（都市圈）	类型
1	北京	国际科技创新中心
2	上海	国际科技创新中心
3	粤港澳大湾区	国际科技创新中心
4	西安	区域科技创新中心

续表

序号	城市（都市圈）	类型
5	成渝地区双城经济圈	区域科技创新中心
6	武汉	区域科技创新中心

（1）中关村国家自主创新示范区：北京国际科技创新中心主阵地

北京作为中国排名最高的国际科技创新中心，由"三城一区"共同组成（图4-4），分别是中关村科学城、怀柔科学城、未来科学城、创新型产业集群示范区（北京经开区和顺义区）。

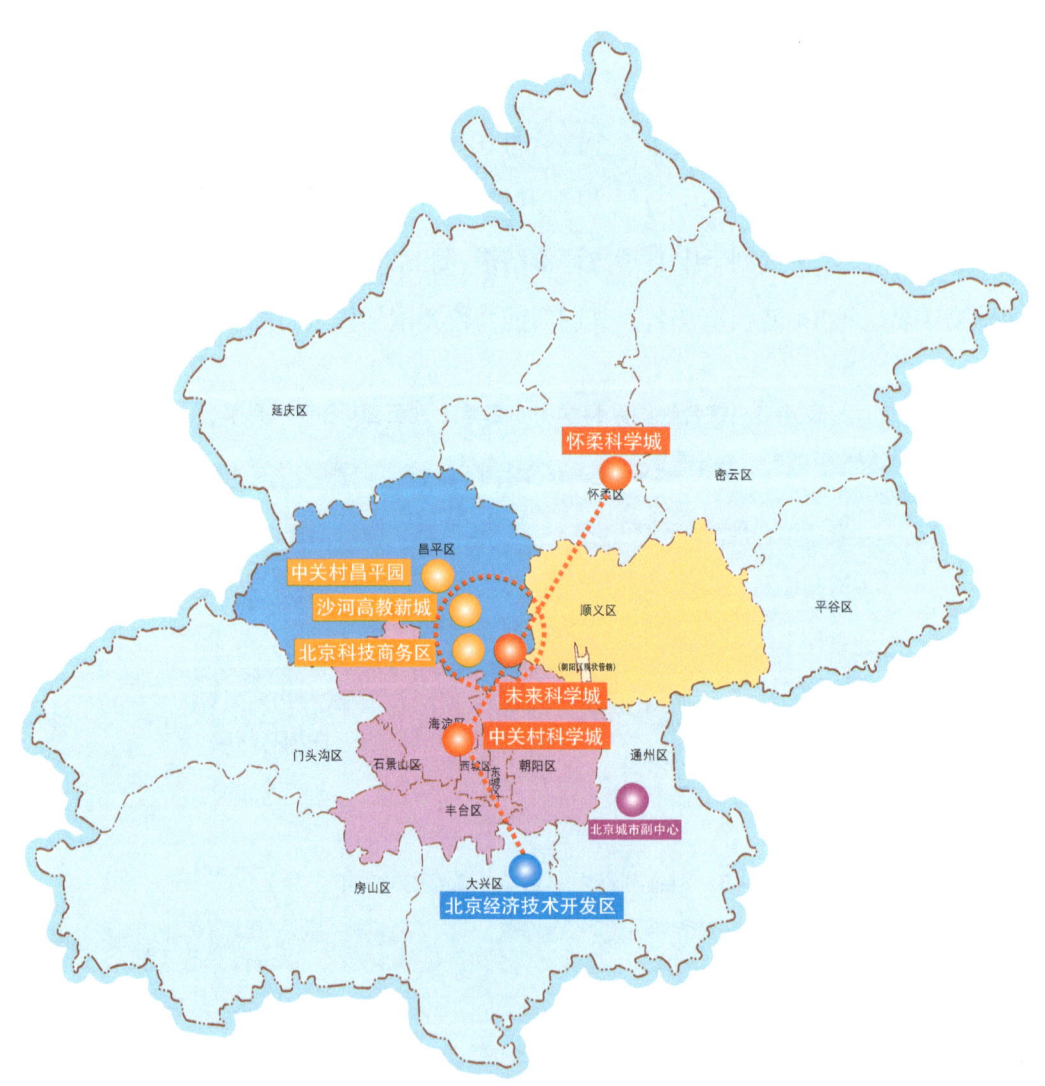

图4-4 北京国际科技创新中心"三城一区"体系

中关村国家自主创新示范区面积为488平方千米,形成了包括海淀园、昌平园、顺义园、大兴－亦庄园、怀柔园等16个园的"一区多园"发展格局。其中,中关村科学城位于海淀园,怀柔科学城位于怀柔园,未来科学城位于昌平园,其核心功能定位是"科技创新出发地、原始创新策源地、自主创新主阵地"。

中关村科学城依托北京大学、清华大学、中国科学院大学等大院大所平台资源优势,聚焦原始创新,在科技创新格局中保持引领态势。中关村科学城培育了京津冀国家技术创新中心及智源、微芯、量子等一批新型研发机构,加快了超大规模人工智能模型训练平台、区块链先进算力实验平台等重大科技平台建设。"创新雨林"生态不断优化,"双创"工作连续6年获得国务院通报表扬。持续推进先行先试政策创新和落地,加快建设自贸区科技创新片区,推出数字经济三年行动计划,职务科技成果权属改革实现首个案例落地。

截至2021年年底,中关村科学城国家级高新技术企业超过1万家,上市公司总数已达256家,其中境内上市公司169家,占全市的40%,占全国的3.5%,境外上市公司87家,独角兽企业50家。高新技术企业总收入约3.4万亿元,占全市的40%以上,出口总额407.96亿元,占"一区十六园"总体的42.7%,经济总量、增长贡献率高居"一区十六园"首位,带动整体经济稳定增长,为首都高质量发展提供了"硬核"支撑。

(2)重庆高新区:打造成渝区域科技创新中心承载地

成渝地区双城经济圈是全国首个区域科技创新中心,也是首个跨区域的区域科学中心,核心由西部(重庆)科学城和西部(成都)科学城组成。

重庆高新区置身于成渝地区双城经济圈和西部(重庆)科学城的核心位置,以建成具有全国影响力的科技创新中心核心区、引领区域创新发展的综合性科学中心为目标方向,构建"一轴三心多点"一体化创新功能格局。

打造创新平台样板。目前,西部(重庆)科学城核心区累计引育省部级以上创新平台327个。坐落于重庆高新区的金凤实验室,是西部(重庆)科学城高标准、高起点打造的科技创新头号工程,被确定为重庆实验室的"新样板"、国家实验室的"生力军"。金凤实验室已在平台建设、人才集聚、成果转化、开放合作等诸多方面取得积极进展,在多位院士领衔的20个科研团队努力下,取得了多项重大研究成果,研发的"病理取材目标检测系统""综合智慧医疗(病理)应用平台"获得2022昇腾AI创新大赛重庆赛区决赛金奖。

加强校地院地合作力度。重庆高新区围绕"科学之城、创新高地"总体目标,高水平建设"科学家的家、创业者的城"，推动大学城与科学城融合发展。强化在渝高校院所"基本盘"作用，积极吸引市外名校名院加入"朋友圈"。2020年以来，除了重庆大学、西南大学、陆军军医大学等14所在渝高校，中国科学院、北京大学、电子科技大学、北京理工大学、西安电子科技大学、上海交通大学等"双一流"高校、"国字号"院所、"央字头"企业也纷纷落地，推动引进培育和建设大科学装置、大科学工程、国家重点实验室、国家工程研究中心等，推动高校科技成果在科学城转移转化和产业化，打造校地协同创新创业生态圈。

第五章

国家高新区绿色发展绩效

5.1 绿色低碳技术

国家高新区不断强化科技创新策源能力，率先引领节能环保技术、清洁生产技术、生态环境技术、基础设施绿色升级技术等绿色低碳技术发展，全面塑造又"高"又"新"又"绿"的发展新优势，成为建设人与自然和谐共生现代化的第一方阵。

以统计的 161 家国家高新区为样本，其中率先取得节能环保技术突破的国家高新区共 63 家，占国家高新区总数的 39.1%；率先取得清洁生产技术突破的国家高新区共 54 家，占比为 33.5%；率先取得清洁能源技术突破的国家高新区共 53 家，占比为 32.9%；率先取得生态环境技术突破的国家高新区共 15 家，占比为 9.3%；率先取得基础设施绿色升级技术突破的国家高新区共 7 家，占比为 4.3%（表 5-1）。

表 5-1 国家高新区绿色低碳技术发展情况

单位：家

地区	节能环保技术	清洁生产技术	清洁能源技术	生态环境技术	基础设施绿色升级技术
东部地区	32	28	29	6	4
中部地区	11	7	7	3	1
西部地区	15	16	10	5	1
东北地区	5	3	7	1	1
总计	63	54	53	15	7

注：绿色低碳技术根据《绿色技术推广目录（2020 年）》进行分类。

从地域来看，在 68 家东部地区国家高新区中，率先取得节能环保技术突破的国家高新区共

32家，率先取得清洁生产技术突破的国家高新区共28家，率先取得清洁能源技术突破的国家高新区共29家，率先取得生态环境技术突破的国家高新区共6家，率先取得基础设施绿色升级技术突破的国家高新区共4家。

在44家中部地区国家高新区中，率先取得节能环保技术突破的国家高新区共11家，率先取得清洁生产技术突破的国家高新区共7家，率先取得清洁能源技术突破的国家高新区共7家，率先取得生态环境技术突破的国家高新区共3家，率先取得基础设施绿色升级技术突破的国家高新区共1家。

在33家西部地区国家高新区中，率先取得节能环保技术突破的国家高新区共15家，率先取得清洁生产技术突破的国家高新区共16家，率先取得清洁能源技术突破的国家高新区共10家，率先取得生态环境技术突破的国家高新区共5家，率先取得基础设施绿色升级技术突破的国家高新区共1家。

在16家东北地区国家高新区中，率先取得节能环保技术突破的国家高新区共5家，率先取得清洁生产技术突破的国家高新区共3家，率先取得清洁能源技术突破的国家高新区共7家，率先取得生态环境技术突破的国家高新区共1家，率先取得基础设施绿色升级技术突破的国家高新区共1家。

5.2 绿色产业

国家高新区进一步优化绿色产业结构、完善绿色产业布局。积极开展"绿色产业补链强链行动"，找准产业链创新链短板与关键风险点、着力点开展科技攻关。推进智能化、信息化、绿色化等有关产业类项目的融通发展，着力培育绿色产业集群，积极稳妥推进落后产能、过剩产能的腾退与升级改造。

5.2.1 绿色产业空间布局

国家高新区的绿色产业发展迅速，特别是节能环保产业、清洁能源产业两大绿色产业（表5-2）。以统计的161家国家高新区为例，其中发展节能环保产业的共105家国家高新区（发展新能源汽车产业的40家），占国家高新区总数的65.2%；发展清洁生产产业的共9家国家高新区，占比为5.6%；发展清洁能源产业的共60家国家高新区，占比为37.3%；发展生态环境产业的共2家国家高新区，占比为1.2%；发展基础设施绿色升级产业的共5家国家高新区，占比为3.1%；发展绿色服务产业的共10家国家高新区，占比为6.2%。

表5-2 国家高新区绿色产业结构和布局

单位：家

新产业类型	东部地区	中部地区	西部地区	东北地区	合计
节能环保产业	42	33	23	7	105
清洁生产产业	2	4	1	2	9
清洁能源产业	24	25	11	—	60
生态环境产业	2	—	—	—	2
基础设施绿色升级产业	2	2	1	—	5
绿色服务产业	4	3	3	—	10

注：绿色产业根据《绿色产业指导目录（2019年版）》进行分类。

从地域来看，在68家东部地区国家高新区中，发展节能环保产业的国家高新区有42家（其中，发展新能源汽车产业的国家高新区有15家），发展清洁生产产业的国家高新区有2家，发展清洁能源产业的国家高新区有24家，发展生态环境产业的国家高新区有2家，发展基础设施绿色升级产业的国家高新区有2家，发展绿色服务产业的国家高新区有4家。

在44家中部地区国家高新区中，发展节能环保产业的国家高新区有33家（其中，发展新能源汽车产业的国家高新区有12家），发展清洁生产产业的国家高新区有4家，发展清洁能源产业的国家高新区有25家，发展基础设施绿色升级产业的国家高新区有2家，发展绿色服务产业的国家高新区有3家。

在33家西部地区国家高新区中，发展节能环保产业的国家高新区有23家（其中，发展新能源汽车产业的国家高新区有12家），发展清洁生产产业的国家高新区有1家，发展清洁能源产业的国家高新区有11家，发展基础设施绿色升级产业的国家高新区有1家，发展绿色服务产业的国家高新区有3家。

在16家东北地区国家高新区中，发展节能环保产业的国家高新区有7家，发展清洁生产产业的国家高新区有2家。

5.2.2 绿色产业孵化和培育

绿色产业孵化和培育是构建绿色产业体系的重要组成部分。在统计的161家国家高新区样本中，共有42家国家高新区拥有绿色产业专业孵化与服务机构，8家国家高新区举办绿色产业专业赛事，5家国家高新区创建绿色产业创新联盟。各地区国家高新区绿色产业孵化和培育情况如图 5-1 所示。

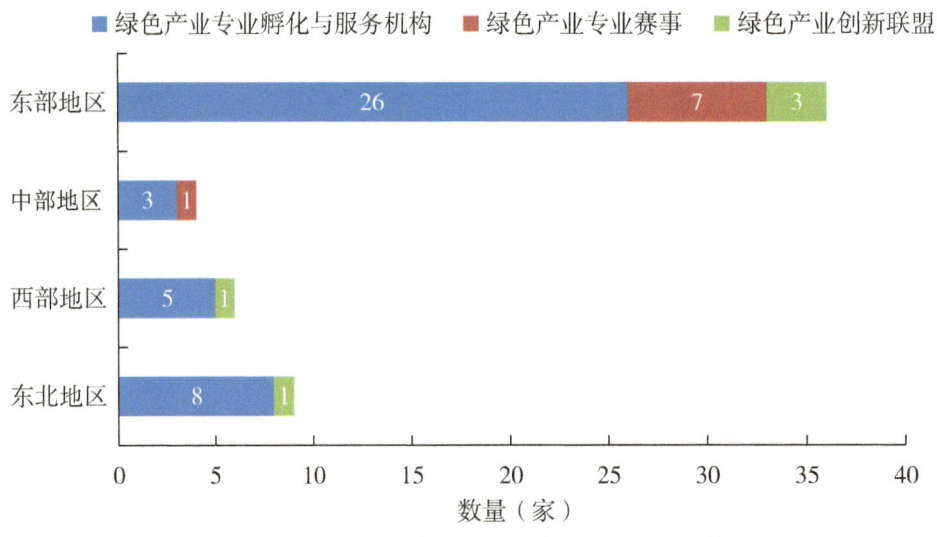

图 5-1　各地区国家高新区绿色产业孵化和培育情况

东部地区国家高新区绿色产业孵化和培育目前发展最好，26 家国家高新区拥有绿色产业专业孵化与服务机构，7 家国家高新区举办过绿色产业专业赛事，3 家国家高新区创建了绿色产业创新联盟，广东地区国家高新区和江苏地区国家高新区绿色产业孵化和培育氛围较为突出。

其次为东北地区，有 8 家国家高新区拥有绿色产业专业孵化与服务机构。西部地区和中部地区发展较弱，西部地区有 5 家国家高新区拥有绿色产业专业孵化与服务机构，中部地区有 3 家国家高新区拥有绿色产业专业孵化与服务机构。

5.3　绿色生态

国家高新区以生态优先，坚持精准治污、科学治污、依法治污，推动工业领域能源清洁低碳高效利用，完善能源消耗总量和强度调控，重点控制化石能源消费，持续打好蓝天、碧水、净土保卫战。

5.3.1　扎实推进节能降耗

（1）各地区节能降耗水平

为了展示各地区国家高新区的节能降耗水平，这里对典型指标，包括单位工业增加值综合能耗、单位工业增加值碳排放、单位工业增加值水耗、单位工业增加值氮氧化物排放量及单位土地面积工业增加值5个指标，以雷达图的形式进行分析。以国家高新区各指标的平均值作为虚拟标准园区进行指标归一化后可以看出（图5-2），在单位工业增加值碳排放、单位土地面积工业增加值、单位工业增加值综合能耗3项指标上，东部＞中部＞东北＞西部；在单位工业增加值水耗指标上，西部＞东部＞中部＞东北。

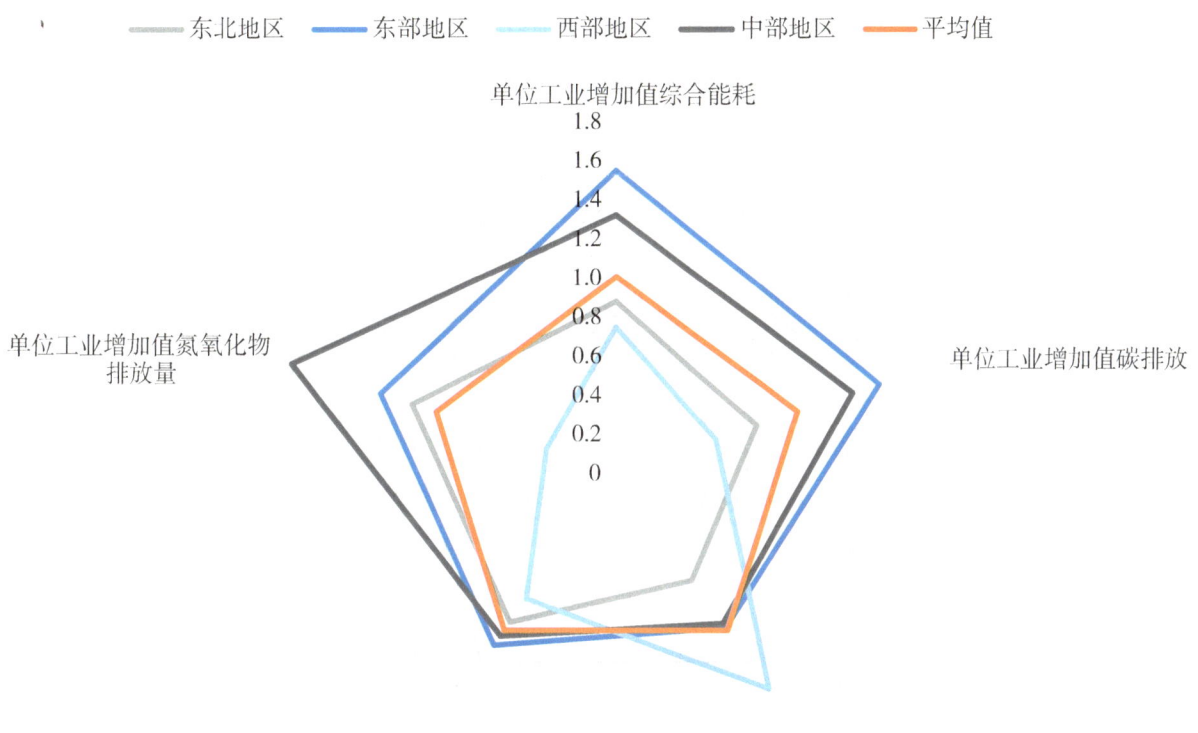

图5-2 各地区国家高新区节能降耗水平

（注：坐标中的数值是对各地区指标值按照正向指标和负向指标进行归一化后的数值，数值越大表示节能降耗水平越高）

（2）能源消费水平

国家高新区积极推广节能降耗技术，促进能源绿色转型，构建清洁低碳、安全高效的现代能源体系，取得显著成效。在能源产出效率方面，"十三五"期间，国家高新区能源产出效率总体呈提升态势，从2016年的1.96万元/吨标准煤提升至2020年的2.22万元/吨标准煤，增幅达13.3%，是全国能源产出效率的1.5倍（图5-3）。

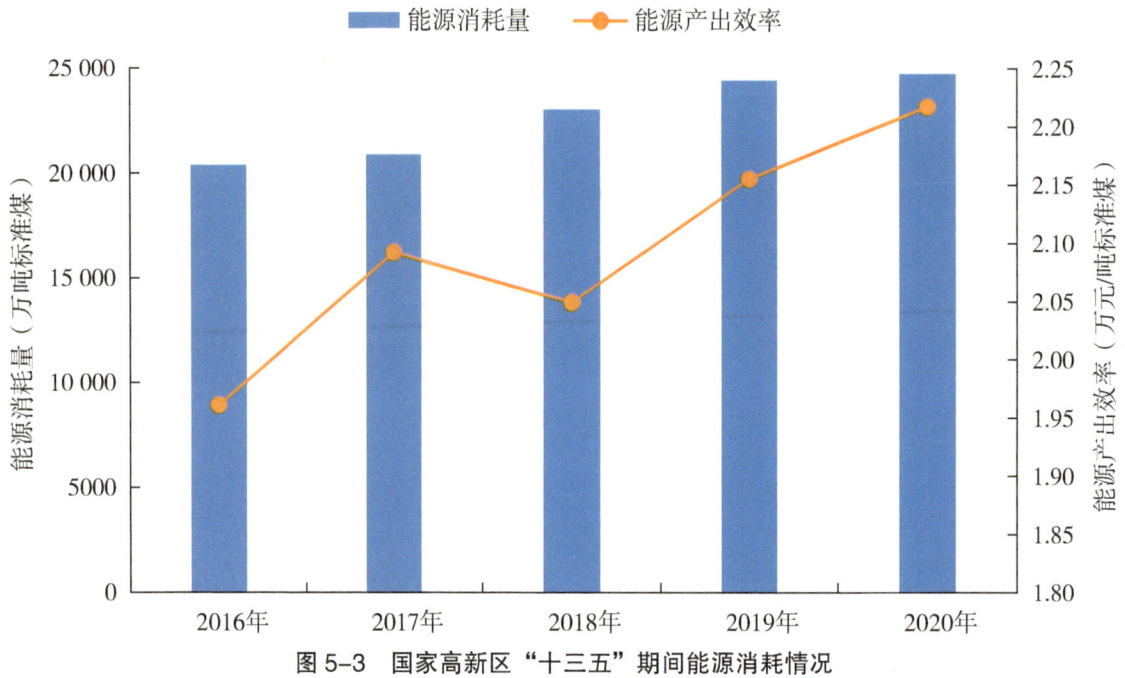

图 5-3　国家高新区"十三五"期间能源消耗情况

2020年国家高新区能源产出效率高出国家生态工业园区引领水平 11.1%（图 5-4），节能降耗效果显著。其中，69.9% 的国家高新区高于北京市能源产出效率（2.56 万元/吨标准煤），34.6% 的国家高新区高于深圳市能源产出效率（6.93 万元/吨标准煤），52.5% 的国家高新区优于绿色工业园区引领水平（3 万元/吨标准煤）。

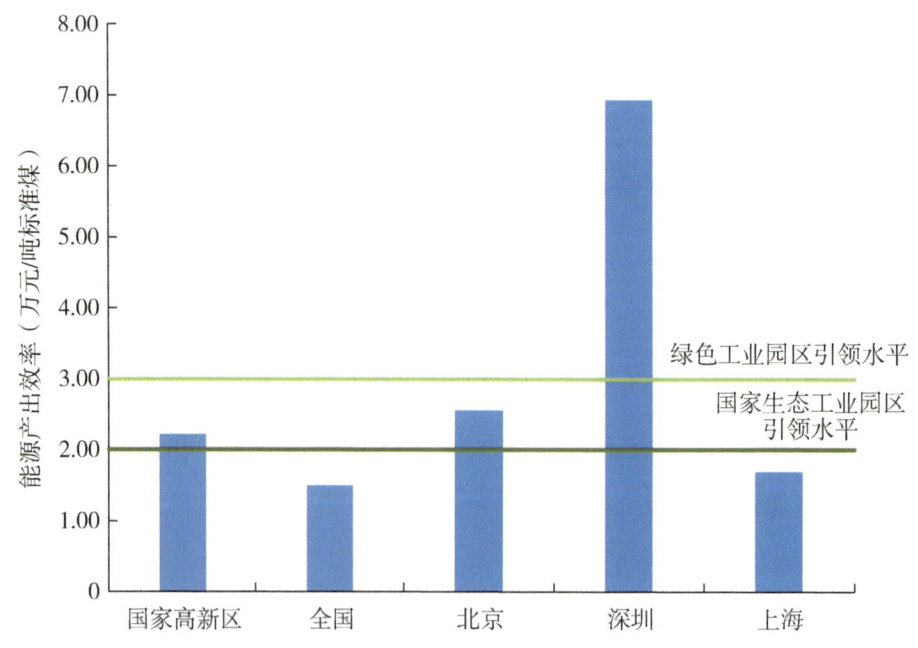

图 5-4　国家高新区 2020 年能源产出效率对标

在综合能耗空间分布方面，东部地区国家高新区综合能耗占国家高新区总量的 54.51%，能源产出效率在 0.17 ~ 38.80 万元/吨标准煤，平均为 3.43 万元/吨标准煤；中部地区国家高新区综合能耗占比为 15.73%，能源产出效率在 0.31 ~ 67.50 万元/吨标准煤，平均为 2.92 万元/吨标准煤；西部地区国家高新区综合能耗占比为 22.32%，能源产出效率在 0.32 ~ 21.20 万元/吨标准煤，平均为 1.65 万元/吨标准煤；东北地区国家高新区综合能耗占比为 7.43%，能源产出效率在 0.40 ~ 11.49 万元/吨标准煤，平均为 1.94 万元/吨标准煤（表 5-3、图 5-5）。整体能源产出效率为东部地区＞中部地区＞东北地区＞西部地区。

表 5-3　国家高新区 2020 年分地区能源消耗情况

地区	能源产出效率（万元/吨标准煤）	综合能耗占比
东部地区	3.43	54.51%
中部地区	2.92	15.73%
西部地区	1.65	22.32%
东北地区	1.94	7.43%

注：数据基于 161 家国家高新区绿色发展五年行动方案。

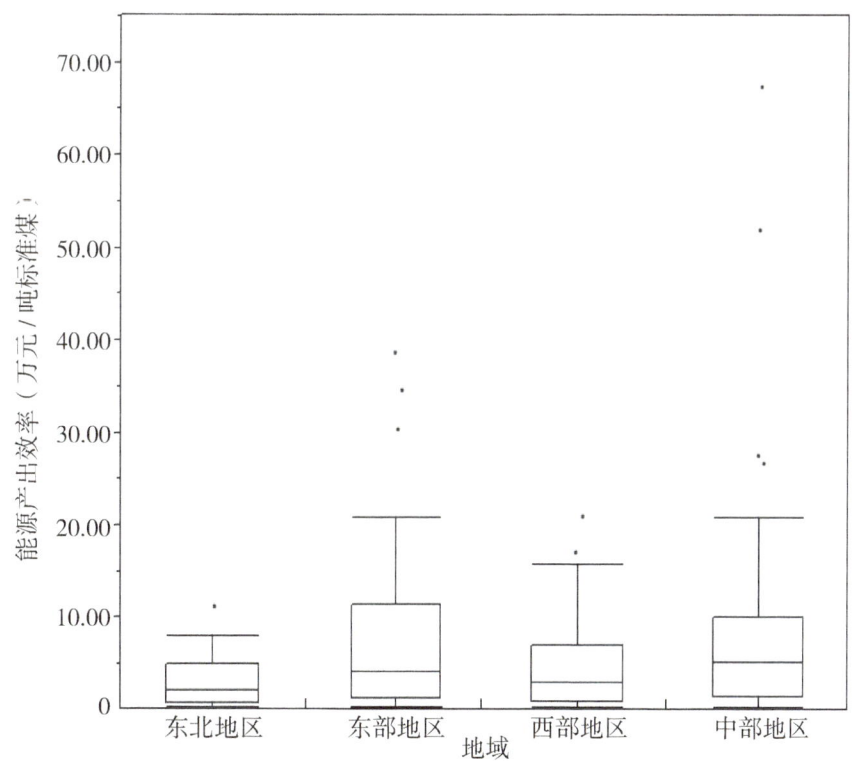

图 5-5　各地区国家高新区 2020 年能源产出效率空间分布

在能源消费结构方面，国家高新区"十三五"期间能源清洁化转型成效显著，做好了清洁能源供应的"加法"和煤炭消费的"减法"。天然气消费占比由 2016 年的 8.8% 上升至 2020 年的 12.7%，非化石能源消费占比由 2016 年的 28.6% 提升至 2020 年的 31.9%，原煤消费占比由 2016 年的 54.1% 下降至 2020 年的 45.2%（图 5-6）。

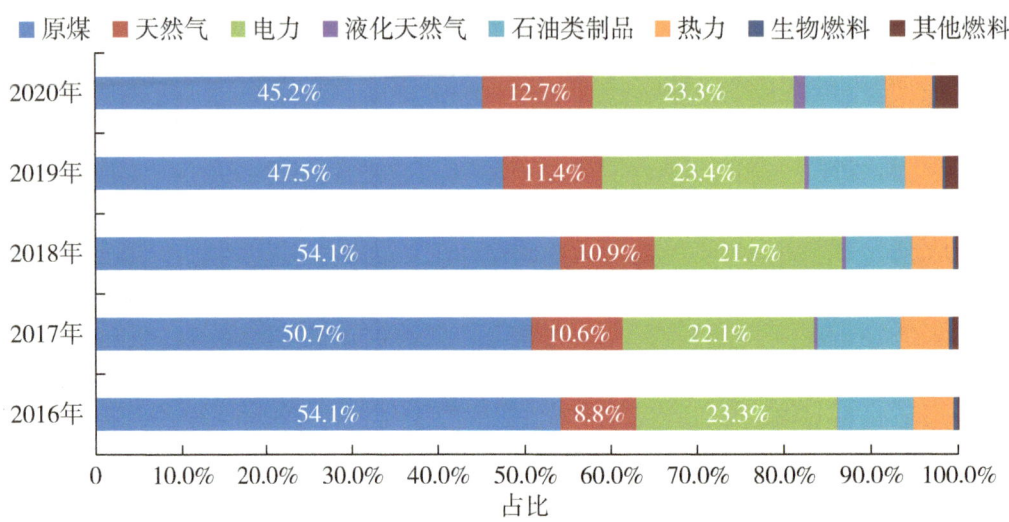

图 5-6　国家高新区"十三五"期间能源消费结构变化趋势

2020 年，东部地区国家高新区原煤消费占比为 41.29%，中部地区、西部地区和东北地区国家高新区原煤消费占比在 50% 左右，占据能源消费的主导地位；其次为电力消费，各地区电力消费占比为 15.51% ~ 39.07%；天然气消费占比为 8.66% ~ 15.52%（图 5-7）。

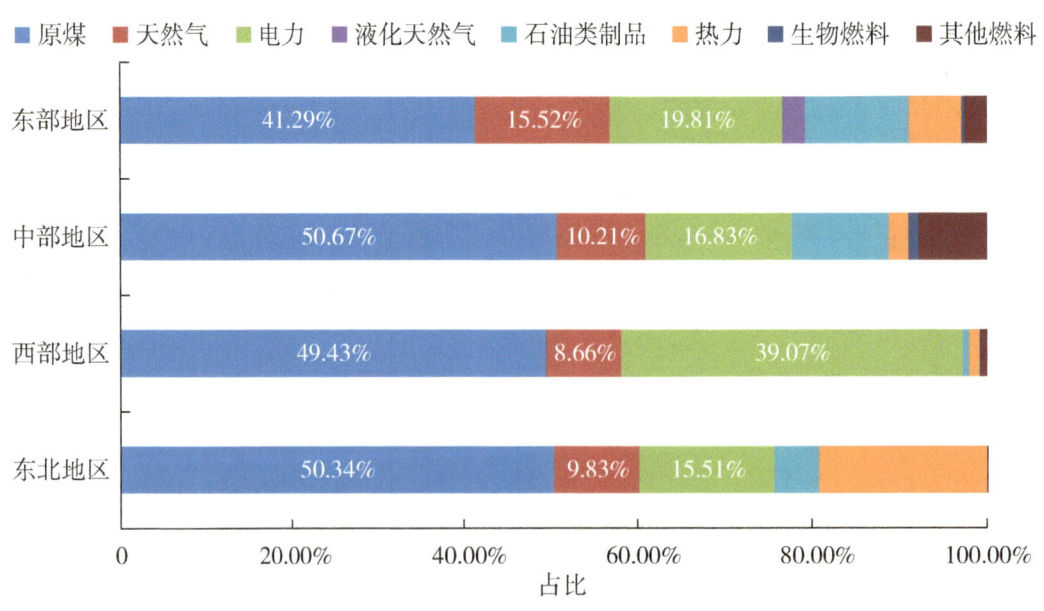

图 5-7　国家高新区 2020 年分地区能源消费结构

（3）碳排放强度

在碳排放强度方面，国家高新区充分发挥引领示范作用，工业发展低碳化转型效益显著。"十三五"期间，国家高新区碳排放强度由1.36吨/万元下降至1.27吨/万元，降幅达到6.62%（图5-8）。

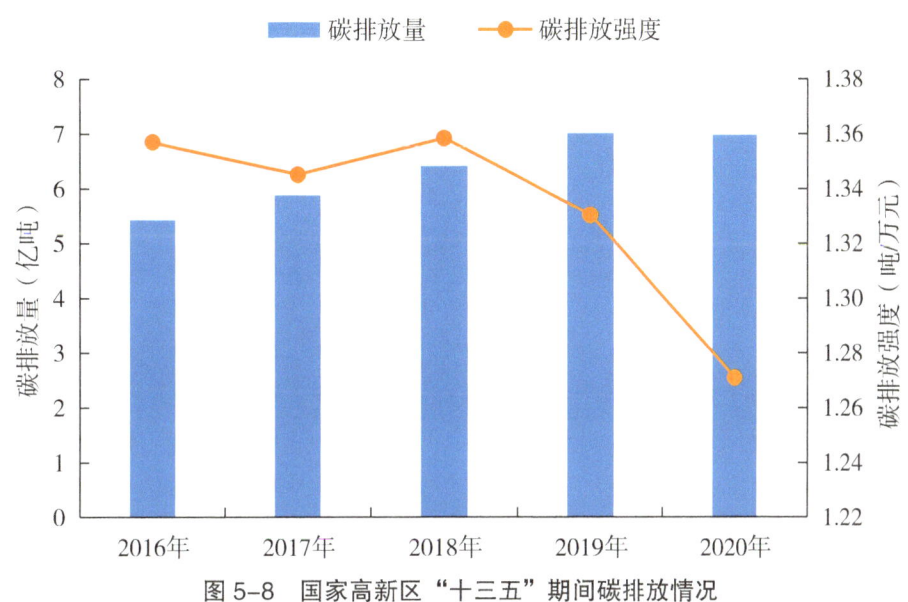

图5-8 国家高新区"十三五"期间碳排放情况

2020年，东部地区国家高新区碳排放量占比为51.65%，碳排放强度为0.02～17.30吨/万元，平均为0.87吨/万元；中部地区国家高新区碳排放量占比为14.13%，碳排放强度为0.01～13.80吨/万元，平均为0.97吨/万元；西部地区国家高新区碳排放量占比为26.76%，碳排放强度为0.05～21.50吨/万元，平均为2.30吨/万元；东北地区国家高新区碳排放量占比为7.46%，碳排放强度为0.03～7.69吨/万元，平均为1.64吨/万元（图5-9）。

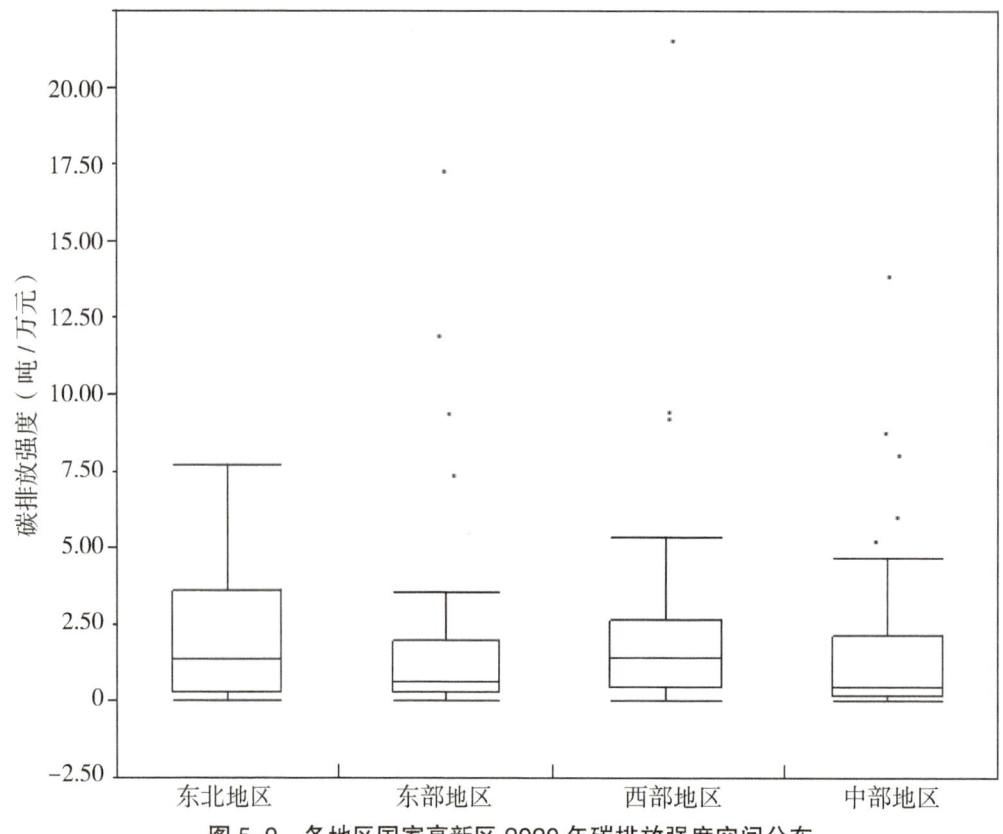

图 5-9　各地区国家高新区 2020 年碳排放强度空间分布

（4）水资源消耗水平

在水资源消耗方面，"十三五"期间，国家高新区新鲜水耗总量从 17.5 亿立方米增长到 30.0 亿立方米，单位工业增加值新鲜水耗从 6.70 立方米/万元下降到 5.46 立方米/万元，累计下降了 18.5%（图 5-10）。

从空间分布上看，2020 年东部地区国家高新区新鲜水耗量占国家高新区新鲜水耗总量的 52.3%，新鲜水耗强度（即单位工业增加值新鲜水耗）平均为 5.39 立方米/万元；中部地区国家高新区新鲜水耗量占比为 25.37%，新鲜水耗强度平均为 7.96 立方米/万元；西部地区国家高新区新鲜水耗量占比为 12.63%，新鲜水耗强度平均为 4.90 立方米/万元；东北地区国家高新区新鲜水耗量占比为 9.70%，新鲜水耗强度平均为 9.71 立方米/万元（图 5-11）。

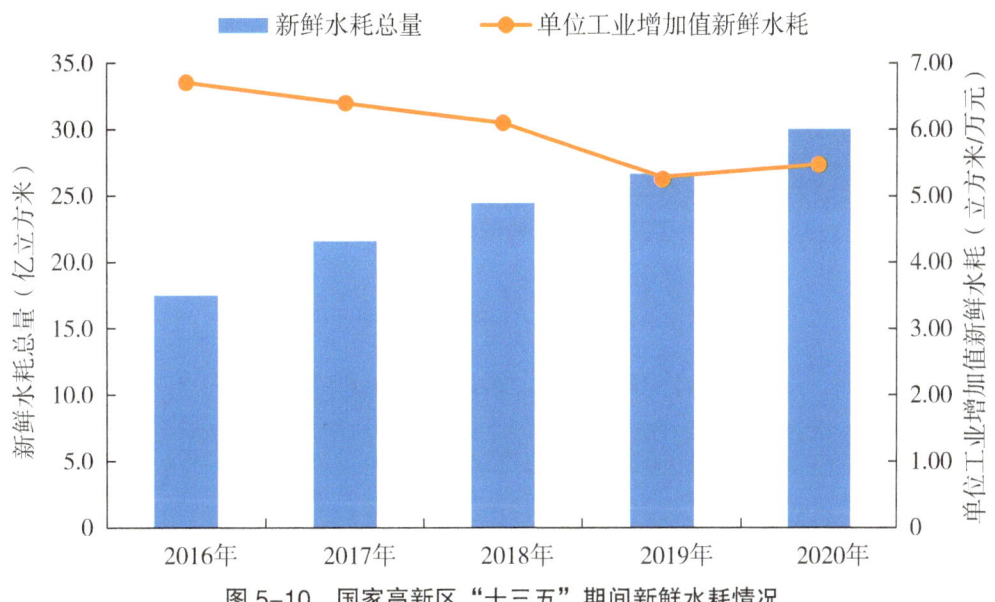

图 5-10 国家高新区"十三五"期间新鲜水耗情况

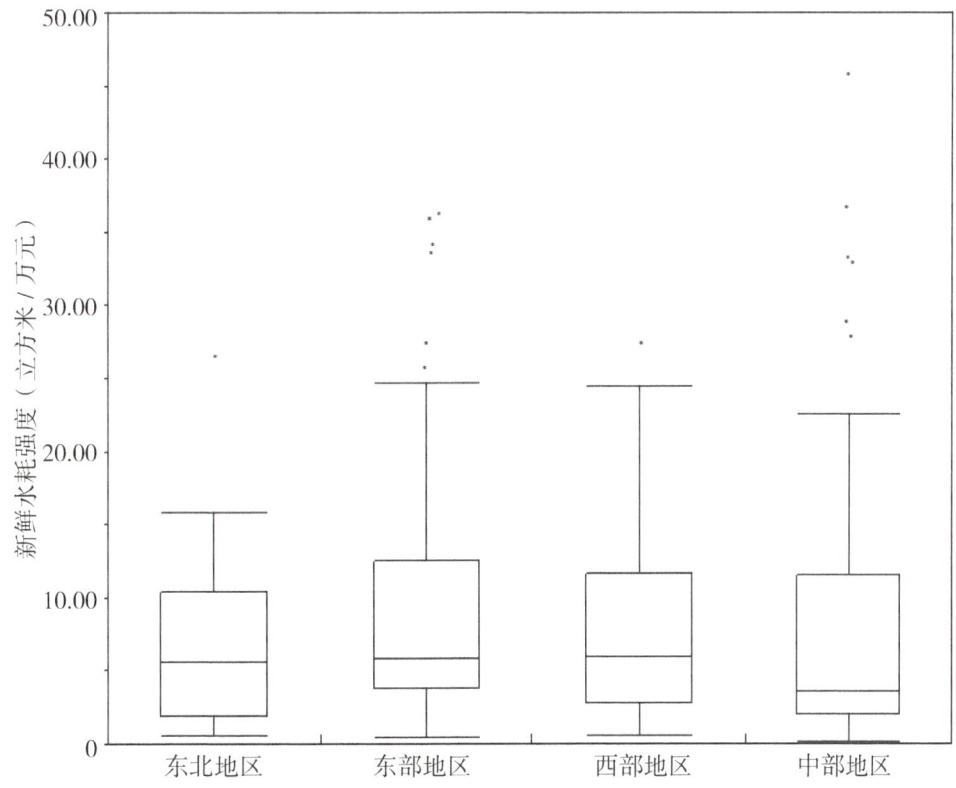

图 5-11 各地区国家高新区 2020 年新鲜水耗强度空间分布

5.3.2 纵深推进污染防治攻坚战

2020 年，国家高新区废水排放量为 97 866 万吨，占全国废水排放量的 3.81%，其中化学需氧量（COD）排放量为 7.83 万吨，氨氮排放量为 0.99 万吨，分别占全国的 0.30%、1.00%；二氧化硫排放量为 12.98 万吨，氮氧化物排放量为 22.14 万吨，分别占全国的 4.07%、2.17%（表 5-4）。

表 5-4 国家高新区 2020 年污染物排放情况

主要指标	COD	氨氮	二氧化硫	氮氧化物	废水
国家高新区污染物排放量（万吨）	7.83	0.99	12.98	22.14	97 866
占全国比重	0.30%	1.00%	4.07%	2.17%	3.81%
国家高新区污染物排放强度（千克/万元）	0.15	0.018	0.25	0.43	1.90*
是全国的	1.78%	5.78%	24.97%	13.25%	23.15%

注：* 表示单位为吨/万元。

2020 年，国家高新区单位工业增加值废水排放量为 1.90 吨/万元，是全国废水排放强度的 23.15%；单位工业增加值化学需氧量排放量为 0.15 千克/万元，单位工业增加值氨氮排放量为 0.018 千克/万元，分别是全国的 1.78%、5.78%；单位工业增加值二氧化硫排放量为 0.25 千克/万元，单位工业增加值氮氧化物排放量为 0.43 千克/万元，分别是全国的 24.97% 和 13.25%（表 5-4）。

各地区国家高新区 2020 年污染物排放情况如表 5-5 所示。可以看出，在水污染物排放强度方面，COD 排放强度最高的为东部地区，为 0.15 千克/万元，与国家高新区平均水平基本持平，最低的为东北地区。在大气污染物排放强度方面，二氧化硫和氮氧化物排放强度最高的均为西部地区，分别为 1.00 千克/万元和 1.12 千克/万元，高于国家高新区平均水平 3.0 倍和 1.6 倍，最低的分别为东部地区和中部地区。

表 5-5 各地区国家高新区 2020 年污染物排放情况

主要指标	东北地区	东部地区	西部地区	中部地区	国家高新区
单位工业增加值 COD 排放量[1]（千克/万元）	0.12	0.15	0.13	0.14	0.15
单位工业增加值氨氮排放量[2]（千克/万元）	0.014	0.022	0.010	0.012	0.018

---

[1] 即 COD 排放强度。

[2] 即氨氮排放强度。

续表

主要指标	东北地区	东部地区	西部地区	中部地区	国家高新区
单位工业增加值二氧化硫排放量[①]（千克/万元）	0.27	0.11	1.00	0.12	0.25
单位工业增加值氮氧化物排放量[②]（千克/万元）	0.38	0.33	1.12	0.24	0.43
单位工业增加值废水排放量[③]（吨/万元）	0.85	1.95	2.20	1.84	1.90

进一步分析各地区国家高新区2020年污染物排放情况。国家高新区废水排放量的离散程度较大，其中东部地区国家高新区废水排放量最大，大多位于气泡图右上方，工业增加值较高、废水排放强度较大；中部、西部地区国家高新区主要分布于气泡图左下方，废水排放量不大，排放强度小；东北地区国家高新区数量较少，废水排放量和强度都很小。国家高新区废水排放强度为1.90吨/万元，不到全国平均水平的1/4，超过该值的国家高新区有61家，其中一半以上为东部地区的国家高新区，中部、西部、东北地区国家高新区分别占25%、21%、3%（图5-12）。

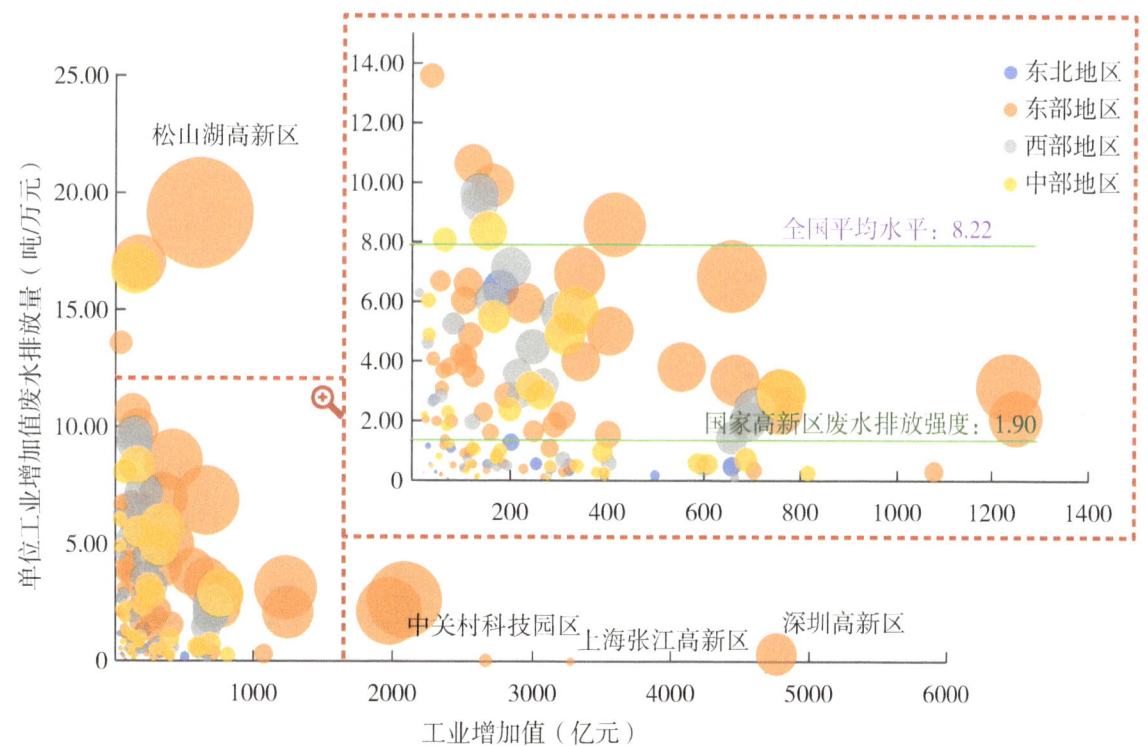

图 5-12　各地区国家高新区2020年废水排放强度统计
（注：图中气泡大小表示废水排放量）

---

① 即二氧化硫排放强度。
② 即氮氧化物排放强度。
③ 即废水排放强度。

2020年国家高新区COD、氨氮排放强度分别为0.15千克/万元、0.018千克/万元，仅为全国平均水平的1.78%和5.78%。从COD排放表现看，各国家高新区主要集中于气泡图左下方，排放量差异性不大，超过国家高新区COD排放强度的有51家，其中东部地区国家高新区23家、中部地区国家高新区15家、西部地区国家高新区10家、东北地区国家高新区3家。各国家高新区氨氮排放量和强度都较低，集中分布于气泡图下方，超过国家高新区氨氧排放强度的有45家，其中东部地区国家高新区19家、中部地区国家高新区11家、西部地区国家高新区12家、东北地区国家高新区3家，其分布与COD近似（图5-13、图5-14）。

西部地区国家高新区大气污染物排放具有总量大、强度高的特点（图5-15、图5-16），分布集中于气泡图左上方，排放量极值高。2020年，国家高新区二氧化硫排放强度为0.25千克/万元，约为全国平均水平的1/4，国家高新区中超过该值的有45家，其中东部、中部、西部地区占比均在30%左右，东北地区占比为9%。国家高新区氮氧化物排放强度为0.43千克/万元，排放强度处于该值以上的国家高新区共55家，东部、中部、西部、东北地区占比分别为43.6%、21.8%、21.8%和12.8%。

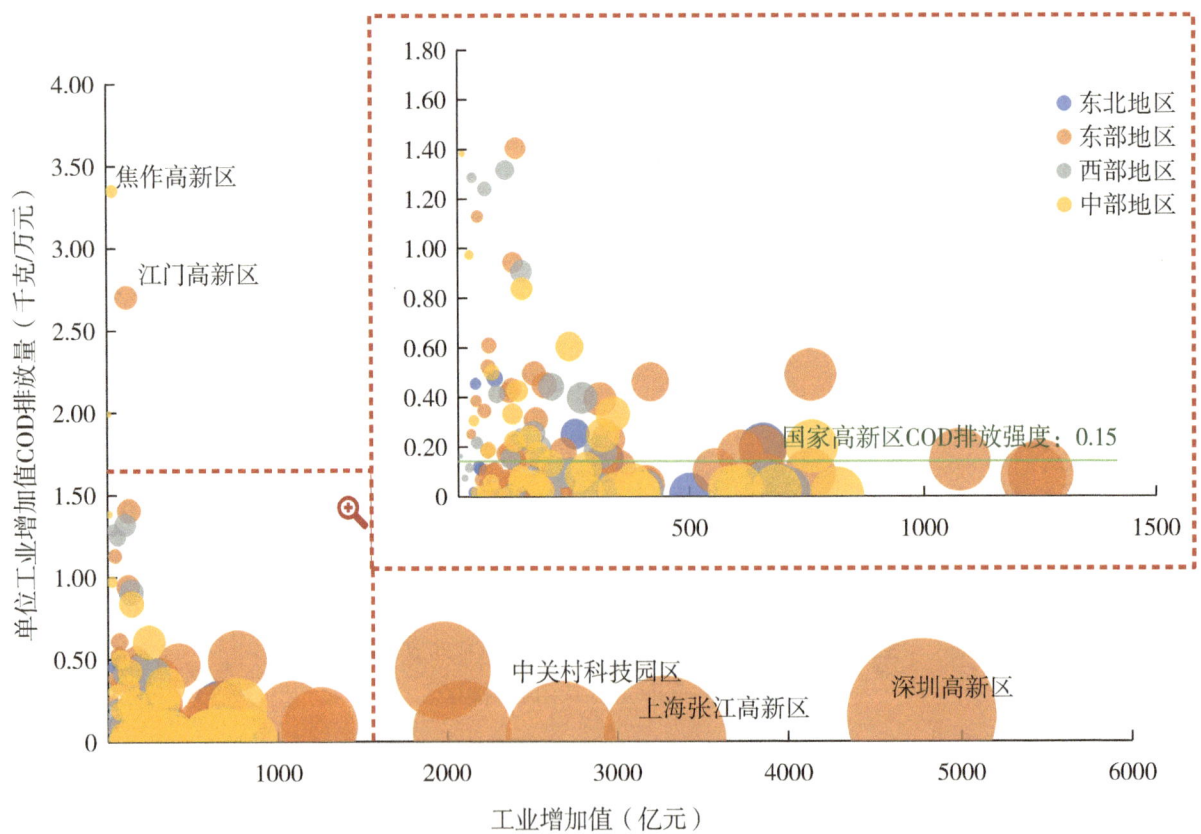

图 5-13　各地区国家高新区 2020 年 COD 排放强度统计

（注：图中气泡大小表示 COD 排放量）

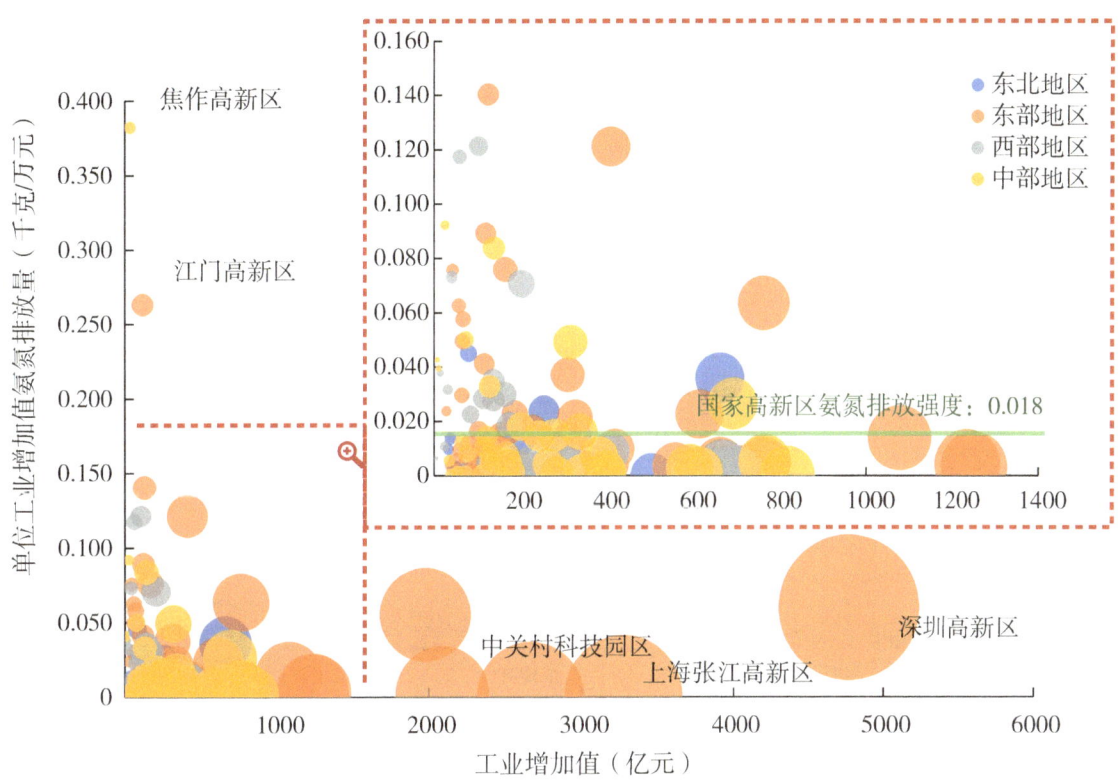

图 5-14　各地区国家高新区 2020 年氨氮排放强度统计

（注：图中气泡大小表示氨氮排放量）

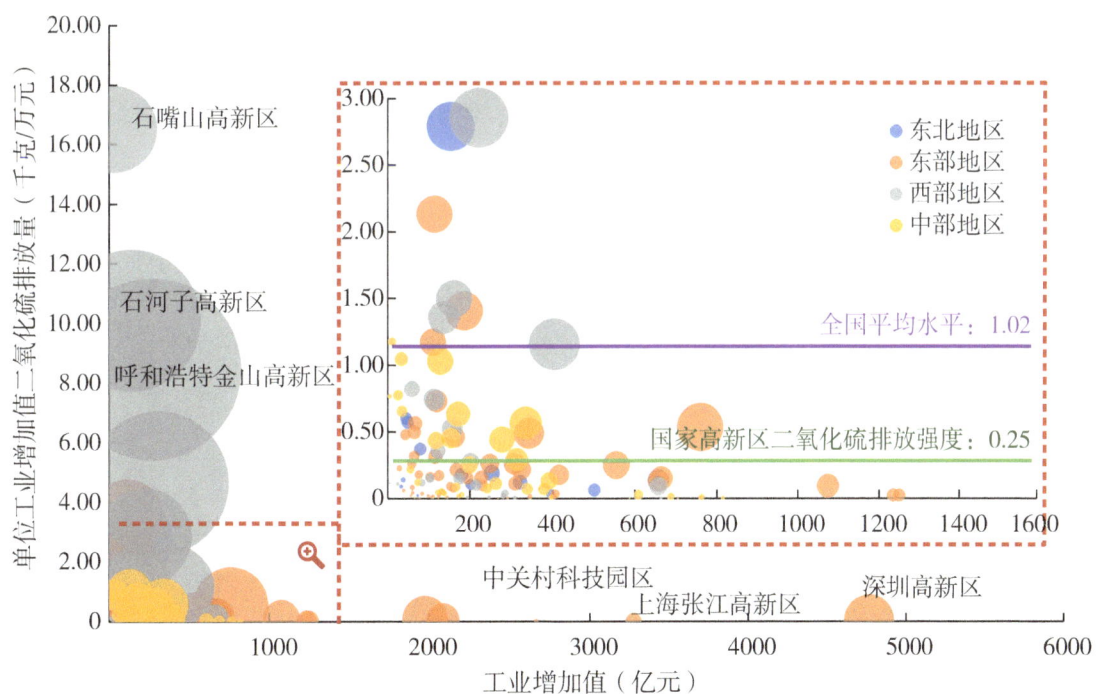

图 5-15　各地区国家高新区 2020 年二氧化硫排放强度统计

（注：图中气泡大小代表二氧化硫排放量）

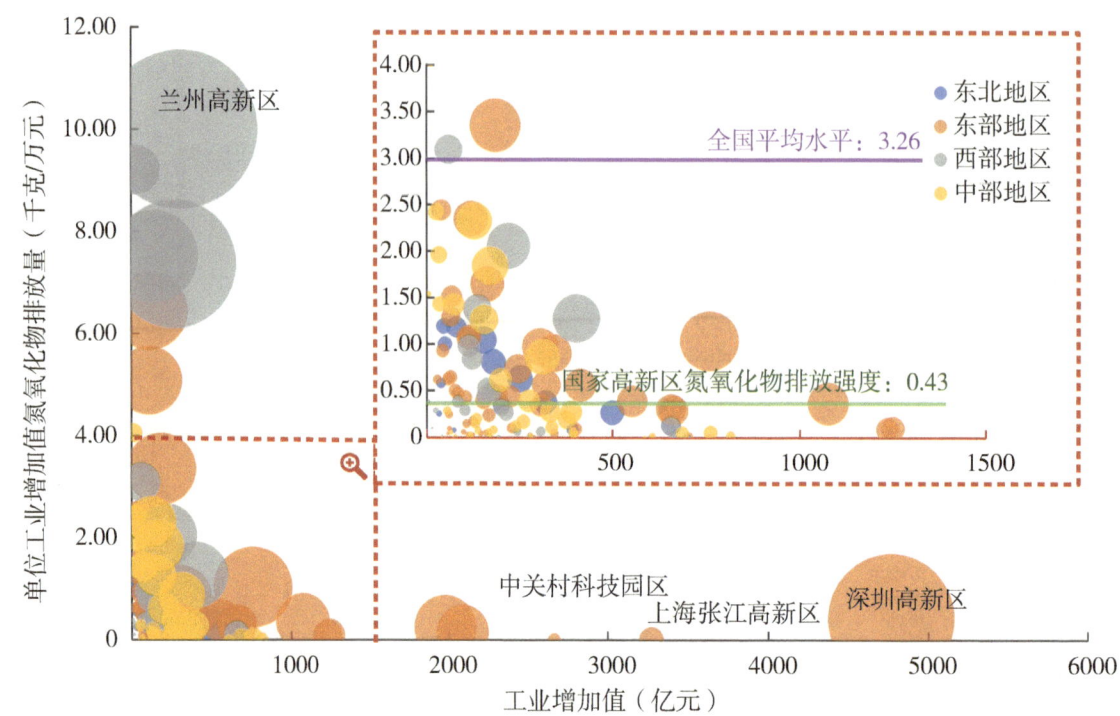

图 5-16 各地区国家高新区 2020 年氮氧化物排放强度统计

（注：图中气泡大小代表氮氧化物排放量）

5.4 绿色发展聚类特征

国家高新区在发展过程中，由于受地域、资源、经济发展、工业基础等影响，其绿色发展水平存在一定的差异。这里采用聚类分析方法，综合考虑经济发展、资源能源消耗和污染物排放等因素，对国家高新区的发展特点进行分类。

为避免主观确定所要划分的类别个数，采用基于层次的系统聚类方法，样本间的距离采取欧式距离，选择在实际分类问题中应用效果较好的 Ward 法进行计算，同类样本间离差平方和最小，不同类样本间离差平方和最大。考虑到数据可得性，国家高新区的聚类指标包括：单位土地面积工业增加值（产出率）、综合能耗强度、新鲜水耗强度、COD 排放强度、氨氮排放强度、氮氧化物排放强度、二氧化硫排放强度、二氧化碳排放强度、废水排放强度和一般工业固废排放强度。国家高新区形成的聚类类别与特征如表 5-6 所示。

表 5-6　国家高新区形成的聚类类别与特征

类别	聚类特征	国家高新区数量占比	典型代表
高产低耗低排类（Ⅰ类）	产出率较高，资源能源消耗强度、环境排放强度较低	22.1%	合肥高新区 广州高新区 无锡高新区 苏州工业园区 西安高新区 成都高新区
高产高耗低排类（Ⅱ类）	产出率较高、资源能源消耗强度较高，但环境排放强度较低	50.3%	芜湖高新区 福州高新区 石家庄高新区 吉林高新区 江阴高新区
低产低耗低排类（Ⅲ类）	产出率、资源能源消耗强度、环境排放强度均较低	11.4%	龙岩高新区 三明高新区 唐山高新区 鞍山高新区 鄂尔多斯高新区
低产高耗高排类（Ⅳ类）	产出率较低，但资源能源消耗与环境排放强度均较高	16.1%	白银高新区 江门高新区 肇庆高新区 焦作高新区 荆门高新区

高产低耗低排类（Ⅰ类）：国家高新区产出率较高，且在实现较高经济产出的同时，资源能源消耗与环境排放强度均较低，实现了经济发展与环境压力的脱钩，是国家高新区绿色发展的标杆。典型代表有苏州工业园区、无锡高新区和合肥高新区等。这类国家高新区以电子信息、智能制造等产业为主，高新技术产业的发展带动整体产业转型升级，最终实现全域绿色低碳发展。此类国家高新区占比达到 22.1%，主要集中在东部地区。

高产高耗低排类（Ⅱ类）：国家高新区在实现高经济产出的同时，资源能源消耗强度较高，环境排放强度较低。典型代表有芜湖高新区、福州高新区和石家庄高新区等。这类国家高新区经济发展较好，但尚处于资源能源与经济发展相对脱钩的阶段，高经济发展带来资源能源的高消耗，是绿色发展的潜力园区。此类国家高新区占比达到 50.3%。

低产低耗低排类（Ⅲ类）：国家高新区的产出较低，产业污染较轻，其资源能源消耗和环境排放强度均较低。典型代表有龙岩高新区、三明高新区和唐山高新区等。这类国家高新区以低碳产业为主，但亟须提升经济发展水平，占比达到11.4%。

低产高耗高排类（Ⅳ类）：国家高新区的土地利用水平较差，同时资源能源消耗与环境排放强度均较高。典型代表有白银高新区、江门高新区和肇庆高新区等。这类国家高新区多以化工和新材料产业为主，属于高耗能高污染排放行业，亟须进行产业转型升级。此类国家高新区占比达到16.1%。

在国家高新区聚类结果基础上进一步从更宏观的省域视角分析，以我国各省份为聚类评价单元，将位于各省份的国家高新区的指标加和后得到该省的经济环境指标，资源能源和污染物指标取其平均值，聚类指标与国家高新区聚类分析相同，再次对其进行系统聚类（图5-17）。

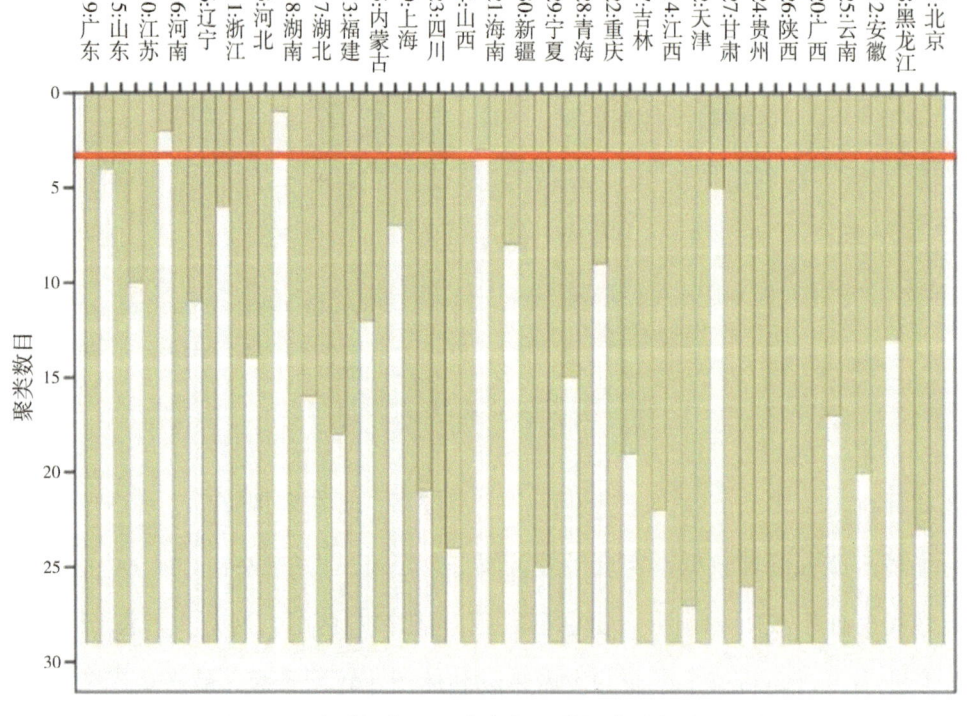

图5-17 省域视角下国家高新区的聚类分析类别特征

各省份聚类分析的结果显示，第一类别省份较少，仅由江苏、广东和山东组成，这3个省份地区生产总值高，国家高新区工业增加值水平较高，且生态环境绩效水平良好。第二类别由浙江、辽宁、河北、河南等省份组成，这些省份的国家高新区分布虽没有第一类别密集，但数量较多，其经济产出率同样较高，为当地贡献了较高比例的经济产出，但其资源能源消耗与环境排放水平不如第一类表现优异。第三类别省份个数最多，主要由内蒙古、云南、甘肃、宁夏、黑龙江、吉林等西部和东北地区省份组成,这些省份的国家高新区数量较少,总体上经济产出率较低,资源能源与环境压力较大,需对标前两个类别国家高新区促进产业转型升级与高质量发展。

因此,国家高新区的分布呈现出较为明显的"集群效应",即国家高新区绿色发展水平与其所在地的经济发展、人口聚集与技术创新程度密切相关。东部地区经济发展水平高、产业技术领先、人口密度大,国家高新区分布密集,高新技术产业发展迅速,生态绩效良好,发挥了引领示范作用。而西部、东北等地区国家高新区分布较为稀疏,经济产出率较低,生态环境压力较大,产业发展以特色产业为主。例如,呼和浩特金山高新区以乳产品为主导产业,银川高新区以羊绒与亚麻纺织为主导产业,大庆高新区、白银高新区、吉林高新区以石化化工和有色金属为主导产业。

5.5 绿色发展指数

5.5.1 绿色发展指标体系

为了对国家高新区绿色发展水平进行定量评估,本报告建立了国家高新区绿色发展指标体系(表5-7),指标体系包括创新驱动、发展质量、污染防治3个一级指标和13个二级指标。国家高新区绿色发展指标体系数据以《国家高新区综合发展与数据分析报告》及收集到的161家国家高新区绿色发展五年行动方案为基础。

表5-7 国家高新区绿色发展指标体系

序号	一级指标	二级指标	单位	权重
1	创新驱动（40%）	高新技术企业产值占园区工业总产值比例	%	8%
2		R&D经费占GDP比例	%	8%
3		劳动生产率	万元/人	8%
4		申请PCT国际专利	万件	8%
5		每万名从业人员拥有发明专利数	件	8%
6	发展质量（30%）	能源产出率	万元/吨标准煤	7.5%
7		水资源产出率	万元/立方米	7.5%
8		碳生产率	万元/吨	7.5%
9		土地产出率	亿元/平方公里	7.5%

续表

序号	一级指标	二级指标	单位	权重
10	污染防治 （30%）	单位工业增加值废水排放量	吨/万元	7.5%
11		单位工业增加值COD排放量	千克/万元	7.5%
12		单位工业增加值氮氧化物排放量	千克/万元	7.5%
13		单位工业增加值固废产生量	吨/万元	7.5%

5.5.2 绿色发展指数评价结果

2016—2020年国家高新区绿色发展指数从76.97增长到87.22，增长了13.3%（表5-8）。其中，创新驱动指数从23.81增长到35.74，增长了50.1%，发展质量指数从17.45增长到21.48，增长了23.1%，污染防治指数从35.71下降到30.00，下降了16.0%。单位工业增加值废水排放量和单位工业增加值COD排放量呈上升趋势，水污染防治将成为国家高新区绿色发展重点关注的问题。

表5-8　国家高新区2016—2020年绿色发展指数

指标指数	2016年	2017年	2018年	2019年	2020年	增长率
绿色发展指数	76.97	77.20	81.65	85.56	87.22	13.3%
创新驱动指数	23.81	26.40	30.55	32.80	35.74	50.1%
发展质量指数	17.45	18.30	19.03	21.14	21.48	23.1%
污染防治指数	35.71	32.50	32.07	31.62	30.00	-16.0%

5.6 绿色发展效率

本报告应用SBM-DEA模型从经济发展、资源能源利用、污染物排放的角度对国家高新区绿色发展效率进行评价，模型指标如表5-9所示。样本数据以国家高新区绿色发展五年行动方案为基础，基准年为2020年，其中东部地区有效样本数为51家，中部地区为38家，西部地区为28家，东北地区为11家。

表 5-9 国家高新区绿色发展效率指标

分类	指标
投入	能源消费量
	新鲜水消耗量
产出	工业增加值
非期望产出	CO_2 排放量
	COD 排放量
	氨氮排放量
	SO_2 排放量
	NO_x 排放量
	废水排放量
	固废产生量

2020 年国家高新区绿色发展效率空间分布如图 5-18 所示。可以看出，国家高新区绿色发展效率平均为 0.403，其中东部地区绿色发展效率平均为 0.417，中部地区绿色发展效率平均为 0.465，东北地区绿色发展效率平均为 0.332，西部地区绿色发展效率平均为 0.388，整体而言，国家高新区绿色发展效率上，中部地区＞东部地区＞西部地区＞东北地区。

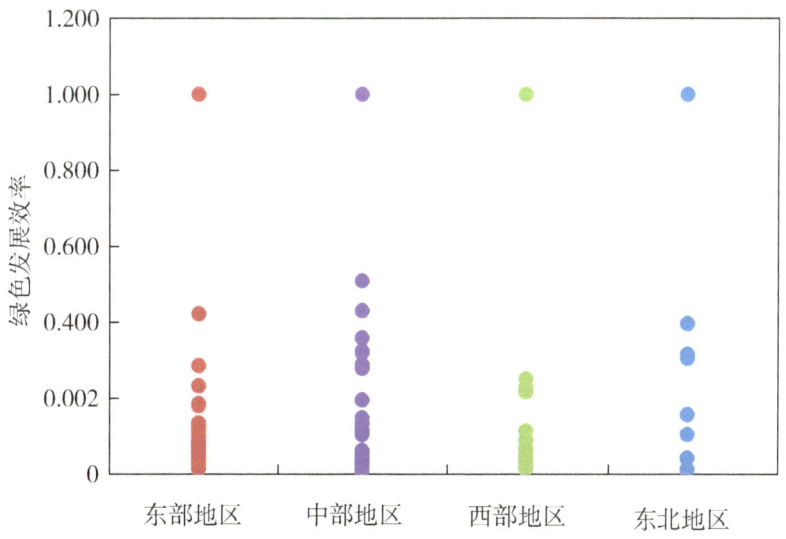

图 5-18　2020 年国家高新区绿色发展效率空间分布

（1）东部地区

东部地区国家高新区绿色发展效率如表 5-10 所示。东部地区国家高新区绿色发展效率在 0.014～1.000，平均为 0.417。其中，绿色发展效率最高的为上海市，其次为福建省和江苏省。

表 5-10　东部地区国家高新区绿色发展效率

地区	省份	绿色发展效率	绿色发展效率范围
东部地区	福建	0.677	0.098～1.000
	广东	0.276	0.014～1.000
	海南	0.124	0.124～0.124
	河北	0.507	0.101～1.000
	江苏	0.549	0.041～1.000
	山东	0.152	0.014～1.000
	上海	1.000	1.000～1.000
	天津	0.131	0.131～0.131
	浙江	0.513	0.015～1.000
	平均	0.417	0.014～1.000

（2）中部地区和东北地区

中部地区和东北地区国家高新区绿色发展效率分别在 0.009～1.000 和 0.012～1.000（表 5-11）。其中，中部地区绿色发展效率最高的为湖南省，其次为安徽省和山西省；东北地区绿色发展效率最高的为吉林省，其次为辽宁省。

表 5-11　中部和东北地区国家高新区绿色发展效率

地区	省份	绿色发展效率	绿色发展效率范围
中部地区	安徽	0.598	0.033～1.000
	河南	0.363	0.011～1.000
	湖北	0.413	0.009～1.000
	湖南	0.702	0.061～1.000
	江西	0.363	0.032～1.000
	山西	0.558	0.116～1.000
	平均	0.465	0.009～1.000

续表

地区	省份	绿色发展效率	绿色发展效率范围
东北地区	黑龙江	0.013	0.013 ~ 0.013
	吉林	0.479	0.042 ~ 1.000
	辽宁	0.314	0.012 ~ 1.000
	平均	0.332	0.012 ~ 1.000

（3）西部地区

西部地区国家高新区绿色发展效率在0.015 ~ 1.000，平均为0.388（表5-12）。其中，绿色发展效率最高的为贵州省和青海省，其次为云南省和宁夏回族自治区，分别为0.681和0.557。

表5-12 西部地区国家高新区绿色发展效率

地区	省份	绿色发展效率	绿色发展效率范围
西部地区	甘肃	0.032	0.027 ~ 0.037
	广西	0.544	0.087 ~ 1.000
	贵州	1.000	1.000 ~ 1.000
	内蒙古	0.521	0.042 ~ 1.000
	宁夏	0.557	0.114 ~ 1.000
	青海	1.000	1.000 ~ 1.000
	陕西	0.455	0.027 ~ 1.000
	四川	0.211	0.016 ~ 1.000
	云南	0.681	0.043 ~ 1.000
	新疆	0.035	0.026 ~ 0.041
	重庆	0.162	0.015 ~ 0.250
	平均	0.388	0.015 ~ 1.000

（4）重点区域及国家自主创新示范区

重点区域及国家自主创新示范区国家高新区绿色发展效率分别在0.0081 ~ 1.0000和0.0062 ~ 1.0000，平均为0.454和0.497（表5-13），高于国家高新区平均水平12.7%和23.3%。尤其是长三角地区为绿色发展效率最高地，高于国家高新区平均水平46.7%，而国家自主创新示范区相对于非国家自主创新示范区,绿色发展效率高了32.5%,可以看出长三角地区和国家自主创新示范区引领国家高新区绿色发展。

表5-13 重点区域及国家自主创新示范区国家高新区绿色发展效率

区域		绿色发展效率	绿色发展效率范围
重点区域	京津冀	0.413	0.1045 ~ 0.9999
	长三角	0.591	0.0081 ~ 1.0000
	粤港澳	0.350	0.0084 ~ 0.9999
	成渝双城经济圈	0.215	0.0097 ~ 0.9999
	平均	0.454	0.0081 ~ 1.0000
国家自主创新示范区		0.497	0.0062 ~ 1.0000
非国家自主创新示范区		0.375	0.0043 ~ 1.0000

第三篇

国家高新区绿色发展实践

第六章

国家高新区绿色发展政策体系

为大力推动国家高新区绿色发展，深入推进节能减排，提高能源和资源利用效率，各国家高新区出台了相关政策（附录1），优化完善了绿色发展相关配套制度体系，引导全社会形成更加绿色的生产、生活方式，筑牢制度护绿的基石。

6.1 发展规划

国家高新区坚定不移走生态优先、绿色发展新道路，积极开展绿色发展规划，全面系统考虑各方面因素，协调推进生态环境保护与经济发展、现代化产业体系建设、能源安全等方面工作，以促进社会经济环境系统和谐发展。

合肥高新区编制了《合肥高新技术产业开发区绿色发展规划》，以"加强科技创新促产业转型，打造产业生态，构建低碳可持续发展方式"为主线，实施"两个引领、四类措施、八个专项、八项保障"的"2488"战略，全面构建绿色低碳循环发展的生态经济体系，建立园区能源双控和碳分级管理制度。以未来产业发展目标为引领，实施高端发展、以碳定产，促进园区产业高端化、智能化、集约化和低碳化转型，从而推动经济社会全面绿色可持续发展。

杭州高新区印发了《杭州高新开发区（滨江）生态环境保护"十四五"规划》，以改善环境质量、保障生态安全为根本出发点，锚定2035年远景目标，设定"十四五"期间的两步走目标，从优化结构调整、推进碳排放达峰、强化大气污染协同治理、深化水生态系统治理、加强土壤污染源头防控、创建"无废城市"、构建生态安全格局、增强环境风险防范、推进区域生态环境共保联治等9个方面打造人与自然和谐共生的现代化美丽滨江。

重庆高新区出台了《重庆高新区生态环境保护"十四五"规划和二〇三五年远景目标》，

坚持"两点"定位、"两地""两高"目标，发挥"三个作用"，推动成渝地区双城经济圈建设，聚焦高质量发展、高水平保护、高标准治理、高效能监管四大方面，全面建设人与自然和谐共生的高品质绿色发展先行示范区。

本溪高新区制定了《关于大力支持生态建设巩固提升绿色发展优势的实施意见》，提出要把生态建设和绿色发展摆在更加重要位置，打好污染防治攻坚战，持续巩固和提升绿色发展优势。大力实施"蓝天、碧水、净土、青山、农村环保"五大工程，开展生态文明示范建设，完善制度体系，全面推动绿色工业、生态旅游等产业快速发展，实现高新区高质量、可持续发展。

6.2 支持政策

国家高新区勇担高质量发展先行区的使命，结合高新区实际情况，出台系列绿色发展支持政策，积极打造创新、协调、绿色发展的先行区。

合肥高新区发布了《合肥高新区支持绿色低碳发展的若干政策》，主要包括鼓励生产企业开展重点污染源改造和污染防治新技术、新工艺推广应用，支持企业开展清洁生产，鼓励企业购买"环保管家"综合技术服务，支持第三方对重点工业企业提供技术及绿色技术改造路径方案等10个方面。

南京高新区出台了《关于支持南京高新区绿色发展的实施细则》，主要包括培育绿色产业和企业、鼓励企业和新研机构开展绿色技术（产品）研发或绿色先进技术循环化改造、打造绿色发展示范园区等3个方面。鼓励高新区围绕打造节能环保、新能源汽车、智能电网三大绿色产业，布局一批绿色技术新业态、建设一批高能级绿色创新平台和新型研发机构、引进一批绿色产业项目、培育一批绿色技术创新企业、推广一批绿色技术（产品），打造绿色主导产业。

南昌高新区制定了《南昌高新区促进绿色发展若干政策措施》，主要包括鼓励企业实施节能技术改造、鼓励企业开展清洁生产工作、支持开展合同能源管理、支持推广利用可再生能源、鼓励企业实行一般工业固体废弃物综合利用、鼓励企业开展绿色建筑评价工作和鼓励企业开展生态文明示范试点申报工作等7个方面。

6.3 实施方案

国家高新区深学笃用习近平生态文明思想，牢固树立绿色发展理念，不断深化绿色发展实践，充分发挥政策效力，制定系列实施方案，科学指导高新区绿色高质量发展。

无锡高新区制定了《无锡高新区（新吴区）电力能源"碳达峰、碳中和"行动方案》，提出以建设"数字能源高智享"的城市能源互联网为引领，围绕电力能源供应清洁化、电力能源消费电气化、电力能源配置智慧化、电力能源利用高效化、电力能源服务多元化等"五化"中心环节，推动能源数字化和智能化发展，加快电网向能源互联网升级。探索构建碳交易服务机制，优化能源配置消纳，引领终端绿色消费。

重庆高新区出台了《重庆高新区构建现代环境治理体系实施方案》，提出健全领导责任体系、健全企业责任体系、健全全民行动体系、健全监管体系、健全市场体系、健全信用体系、健全法规规章政策体系等7个方面重点任务。

6.4 激励制度

国家高新区积极探索实践，以税费优惠、政府补贴等激励措施提高企业绿色转型的积极性，大力发展绿色经济、绿色产品及服务业，督促企业切实承担起环境保护的社会责任。

广州高新区出台了《广州市黄埔区 广州开发区 广州高新区促进绿色低碳发展办法》，从绿色低碳发展、绿色品牌建设、能源管理、新能源及可再生能源推广应用、资金配套、优化绿色产业发展环境等6个维度构建系统的政策激励制度，是全国综合力度最大、支持范围最广的碳达峰、碳中和区县级专项支撑政策，最高补贴达1000万元。

无锡高新区出台《关于无锡高新区（新吴区）关于节能降碳绿色发展的政策意见》，对节能降耗项目、循环经济、绿色示范创建、新能源推广应用等给予资金支持。

苏州工业园区出台了《苏州工业园区绿色发展专项引导资金管理办法》，对绿色发展能力建设项目、重点用能单位绿色发展目标责任考核、节能改造项目、循环经济项目、能源互联网项目及其他支撑园区绿色发展的重点项目给予专项资金支持；出台《苏州工业园区生态环境保护引导专项资金管理办法》，对减污降碳工程类、企业环境管理能力提升类、绿色金融类、清洁生产审核、碳排放管理等项目给予专项资金支持。

苏州高新区出台了《苏州高新区循环经济发展专项资金管理办法》，对循环经济类、清洁生产类、循环经济发展领域的能力建设等项目给予资金支持。

杭州高新区出台了《关于促进领军企业跨越发展的实施意见》，对企业节能减排等绿色发展方面投入予以资金资助。

楚雄高新区出台了《楚雄高新区支持企业提质增效转型升级发展的实施意见（试行）》，对企业在能源审计、绿色制造、节能降耗、循环经济、清洁生产、污染物减排等6个方面成效给予资金奖励。

肇庆高新区出台了《肇庆高新区节能与循环经济专项资金管理办法（试行）》，对循环经济、资源综合利用、清洁生产、清洁化改造及节能、节水等资源节约项目给予专项资金支持。

大庆高新区出台了《关于大庆高新区推进高质量发展若干政策措施》，对年能耗5000吨标准煤以上，实现节能降碳的工业企业，以及被评为绿色工厂或绿色供应链管理的制造业企业，给予10万~20万元资金奖励。

第七章

国家高新区绿色技术创新体系

作为高新技术产业、区域科技创新的先行示范区，国家高新区一直以科学技术为第一生产力，强化"创新驱动高质量发展"战略先导地位，集聚了一批绿色低碳领域高水平创新平台和一批技术领先性强、行业影响力高的企业，成为以科技创新推动区域绿色发展的典型示范。

7.1 绿色技术供给

"绿色技术"，就其广义而言，主要指降低消耗、减少污染、改善生态，促进生态文明建设、实现人与自然和谐共生的新兴技术，具有服务绿色低碳发展的鲜明特征，因此绿色技术的创新和应用是加快发展方式绿色转型的重要动力。绿色技术进步对绿色发展的促进作用主要有两个方向：一是对传统产业进行绿色技术改造，推动产业绿色化发展；二是绿色技术不断催生新产业和新业态，推动绿色产业发展。

7.1.1 天津滨海高新区：领军企业带动技术探索

2020年，天津滨海高新区在新能源、节能环保等绿色技术领域获得科技立项10项，签订技术交易合同285项，部分领军企业实现了超前探索。由天津安捷物联科技股份有限公司开展的"边云协同的大型建筑低碳运维智慧物联系统的关键技术研究及应用"项目，致力于对能源物联网"感知、认知、决策一体化"操作系统的云边融合设计、实现能源系统多能互补协同控制与优化管理，以及大型建筑能源供需负荷精确预测，帮助用户平均降低能耗20%以上，降低运维成本40%以上，在新建项目的电力、暖通等领域可以节省20%以上的投资。该项目已成功服务用户超过1400余家，应用于多行业领域，推动了区域能源互联网、智慧建筑、智慧园区、智慧城市的发展，为国家实现"碳达峰碳中和"目标贡献了力量。

由天津市华瑞奕博化工科技有限公司研发的二甲酯尾气回收技术，通过吸收、解吸、分离等环节，回收尾气中的氯甲烷，完善尾气排放工艺，确保氯甲烷尾气的有效回收和治理，不仅可以避免对环境造成污染，而且可以有效降低排放，提高经济效益。

由天津中晶建筑材料有限公司自主研发的多项"晶粉"技术，推动生产出适用于装配式建筑的新型绿色建材。以可再生资源为原料，实现板材生产过程零废料，推进"建筑装配化升级"，变革传统建造方式，实现建造环节的节能减排。已形成高端绿色建材研发及生产、建筑设计、室内装饰装修等闭环业务模式的新型建筑材料产业链。

由天津库万德科技有限公司研发的智能垃圾无人回收服务系统，依托人工智能、移动互联网、大数据、物联网、云计算等技术，从垃圾分类宣传、垃圾分类投递、垃圾分类收集、垃圾分类清运、垃圾分类处理等方面着手，对垃圾分类各个环节进行智能化管理，建立一套综合性的垃圾分类管理系统，不仅能让垃圾分类变得更简单、更时尚，而且能使绝大多数生活垃圾变成各种宝贵资源，最大限度地节省了自然资源，营造了一个洁净绿色的生态家园。

同阳科技在光谱检测技术及环境监测技术等领域拥有国际一流的技术水平，已自主研发扬尘在线监测系统、VOC在线监测系统、环境空气质量在线监测系统、恶臭在线监测系统和尾气遥感在线监测系统等在线监测系统，以及环境物联网系统解决方案和环境在线运维服务。成科机电研发的智慧环保综合系统，能够实时了解区域内各种污染物的浓度和分布，掌握整个区域的空气质量状况及变化趋势，反映区域之间的污染状况及影响关系。建立无组织排放大数据库，对多种污染物进行综合分析，全面掌握污染物实时分布的浓度、形成的原因、传播过程及演化规律。展示区域监测点数据的联线上报情况、异常值情况、超标报警情况、设备在线情况、设备位置分布，呈现各区域监测、抑尘、治理等手段的闭环联动信息。

7.1.2 合肥高新区：政产学研深度合作推动绿色技术革新

合肥高新区借助综合性国家科学中心政策优势，聚焦绿色能源、绿色材料、绿色制造、环境污染控制与修复、资源综合利用等领域，构建"政产学研资介用"的绿色产业技术创新创业体系，培育和引进具有国际先进、国内一流污染物处理新技术的创新创业团队和企业。吸引成立了中国科学技术大学新校区、中国科学技术大学先进技术研究院、中国环境科学研究院合肥科创中心、安徽大学绿色产业创新研究院等多个高校及科研成果转化平台。依托政产学研深度合作、技术成果产业化推进，水污染治理、脱硫及低温脱硝、资源综合利用、污泥协同处置等技术和装备保持国内领先水平，部分企业还获得了国家、省级科技进步奖。皖仪科技、中水三立智能等企业也创建了一批在全国、全省具有一定影响力的产品品牌和著名商标。

（1）绿色能源技术

依托阳光电源、通威太阳能、晶澳太阳能等龙头企业，合肥高新区光伏新能源产业取得一大批拥有自主知识产权的创新成果。作为国内乃至国际上新能源领域的头部企业，阳光电源是行业内为数不多的掌握多项自主核心技术的企业之一，先后承担了多项国家重大科技计划项目，主持制定了多项国家标准。该公司坚持"风、光、储、电、氢"产品发展路线，通过技术革新，不断发挥光储协同优势，提供更加丰富和高质量的新能源发电设备，助力国家清洁绿色能源发展，加速构建零碳新画卷。2020年开发了全球最大功率1500V组串光伏逆变器，度电成本降低5%以上，电站整体发电量可提升1%以上。2021年全球首发光储"1+X"模块化逆变器，对传统集中逆变器进行重大革新，实现电站设计更灵活、发电量更高、运维更高效、光储深度融合；发布了国内首款最大功率250 kW SEP50 PEM制氢电解槽，具有紧凑小巧、寿命长、可靠性高、功率波动适应性强等特点，为国内可再生能源制氢研究起了示范作用。产品开发采用全生命周期绿色设计，在不断提高产品功率密度、效率、寿命的同时，采用友好包装、严控RoHS、REACH关注危害物质、降低制造资源消耗等绿色制造理念，做绿色可持续发展的好产品。目前全系产品转换效率大于99%，钢材等原料消耗持续下降超50%，产品运行电能损耗低于1.5%。

通威太阳能配备了国际一流的实验设备，在行业内率先推出了SE-碱抛PERC电池的量产技术，极大地降低了单晶PERC电池的制造成本，单片成本较酸抛光低0.1元以上，成本降低了70%，把光伏发电平价入网推向了一个新台阶。同时，还彻底解决了传统酸抛技术使用高浓度无机酸带来的大量高浓度含氮、含氟元素排放问题。晶澳太阳能被列入中国首批光伏"领跑者"示范项目，各项技术指标和运营指标已达到或超过同行业标准，荣获"中国好光伏·2020年度光伏组件技术突破奖"。2020年晶澳太阳能第一块72版型182双玻组件于扬州基地下线，经过测试，组件功率可达545W，效率达21%。另外，在电池效率方面，晶澳太阳能182尺寸PERC电池产线效率已经达到22.8%。

（2）环境监测技术

环境监测是实现碳中和目标的重要一环，合肥高新区积极响应国家碳达峰碳中和的号召，在环境监测领域开始了产品研发和市场布局工作。目前，皖仪科技在环保在线监测仪器领域拥有丰富的经验和先进的技术，设立了环境气体监测研发团队。该公司坚持自主创新和研发，目前掌握了一系列具有自主知识产权的国内先进的核心技术，主要产品包括CEMS烟气排放连续监测系统、激光气体分析仪、VOCs 在线监测系统等。自成立以来，皖仪科技专注于分析检测仪器的自主研发和技术攻关，2017 年完成国家科技支撑计划项目"温室气体排放监测关键技术与设备"，利用 TDLAS 技术（可调谐半导体激光吸收光谱技术），成功研制全新产品——单路多温室气体参数同时测量分析仪，实现二氧化碳、甲烷、氧化亚氮等温室气体监测。2018 年，成功研制专用于固定污染源烟气排放连续监测系统的二氧化碳监测模块，使用非分光红外技术测量工业企业的二氧化碳排放，为碳排放的统计及控制提供技术支撑。皖仪科技已形成完整的碳达峰碳中和监测技术和解决方案，将 TDLAS 技术应用于工业过程，监测生产中的污染气体并反馈给企业生产单元，企业再从管控角度进行调整，助力企业的工艺优化，提升生产效率，减少 / 控制碳排放。该技术方案已成功应用于火电、钢铁和水泥等行业，产生了较好经济社会效益。

（3）环境污染控制与修复

合肥高新区自主研发环境污染控制与修复技术 56 项，其中，大气污染防治技术 11 项、水污染防治技术 26 项、固废处理处置与资源化技术 3 项、环保装备 16 项。智泓净化"RO 膜元件 + 专用 RO 泵 +RO 膜材料"等关键核心部件和成套解决方案突破国外垄断，成为唯一国内供应商；中节能国祯环保科技股份有限公司采用传统序批式活性污泥工艺，并增设经多年试验效果最佳的复合填料，打造出真正适合于国内乡镇生活污水处理的一体化设备。

（4）绿色制造技术

推广清洁高效制造工艺，针对装备制造中铸造、热处理、焊接、涂镀等环节，推广应用合金钢无氧化清洁热处理、热处理气氛减量化、真空低压渗碳热处理、感应热处理等高效节能热处理工艺，无铅波峰焊接抗氧化、氮气保护无铅再流焊接、高效节材摩擦焊等焊接工艺，绿色化除油、无铅电镀、三价铬电镀、电镀铬替代等清洁涂镀技术，减少制造过程的能源消耗和污染物排放。中国科学院合肥物质科学研究院完成的"精密零部件跨尺度切削理论与智能监控方法研究"项目获得 2020 年安徽省自然科学奖三等奖，牵头完成的"百千瓦级大功率高比冲空间等离子体推进器超导关键技术"项目获得 2020 年安徽省技术发明奖一等奖。

7.1.3 南京高新区：中国气象谷以绿色技术支撑区域碳监测体系

推动"双碳"目标实现，一方面要赋能传统产业转型升级；另一方面要积极催生新产业、新业态、新模式。南京高新区中国气象谷泰爱信科技有限公司，聚焦安全环保、智慧交通、"双碳"三大领域，开发全球先进的激光雷达，创建国内一流光电创新应用平台，为工业、交通、气象、环保等领域提供重大需求。该平台专门研发了百平方千米的中尺度区域内的二氧化碳浓度遥感设备，弥补了传统二氧化碳探测手段点式仪器和卫星之间的探测尺度空缺。该平台雷达可实现垂直 0～90 度、水平 0～360 度三维空间立体扫描，也可实现车载走航监测，可在各种恶劣天气下，实现全天时、全天候、全自动精准探测百平方公里范围内二氧化碳浓度和风场信息。更重要的是，该雷达关键核心部件，如高性能红外探测器、全光纤激光器和高速模数转换采集卡等，均实现自主研制、自主可控。

7.2 绿色低碳企业建设

企业作为绿色低碳技术应用的主体，是产业零碳排放、绿色转型和绿色创新的重要推动者，其绿色低碳转型升级和可持续发展将关乎经济高质量发展的成色，关乎生态环境保护的本色，也关乎最普惠的民生福祉。

7.2.1 兰州高新区：构筑发展硬支撑，积蓄产业新动能

近年来，兰州高新区白银集团按照高端化、智能化、绿色化改造，推进传统产业转型升级，加快新旧动能接续转换，实现高质量发展。甘肃德福、甘肃长通入选国家级绿色工厂，甘肃德福通过省级智能工厂评定，铜业公司硫酸车间、熔炼车间通过省级数字化车间评定，绿色化项目"锌电解典型重金属污染物源头削减关键共性技术与大型成套装备"获国家科学技术进步奖二等奖。

搭建绿色技术创新平台。白银集团以国家认定企业技术中心创新能力建设为契机，构建"两院十所一中心"的创新平台，建设 6 个省部级工程实验室及工程技术研究中心、2 个产业战略联盟，成功跨入"国家技术创新示范企业""国家知识产权示范企业"行列，成立"有色金属智能制造关键共性技术协同创新中心""数字化转型协同创新中心"，后与中国环境科学研究院、中国瑞林、中国恩菲、同济大学、中南大学等积极合作，开展合作工程设计、技术研发项目 30 多项，承担国家级、省级、市级科技计划项目 15 项，合作申请并获得授权专利 30 件。

以绿色技术促产业升级。通过引进消化吸收再创新，白银集团创新型"白银炉"跻身世界先进炼铜工艺行列，"闪速炉"建成投产，实现创新型"白银炉"与现代"闪速炉"优势互补，建成亚洲第一大锌焙烧炉，掌握新型白银炉、新型焙烧炉、低污染湿法炼锌、复杂铅锌矿伴生金属综合回收等一批行业领先核心技术，资源利用率达到国内先进水平。通过开展共伴生有价金属回收、矿山残矿回收、冶炼渣综合利用，实现年产共伴生多金属矿产资源 30 万吨，利用冶

炼渣回收铜 2 万吨、铅锌 6000 吨、精镉 600 吨。

7.2.2 杭州高新区：创新研发新技术，打造先进绿色纺织产业

位于杭州高新区的杭州宏华数码科技股份有限公司研发了具有自主知识产权的新一代纺织 CAD/CAM 系统技术，该技术在喷印过程中不使用水和色浆，而是通过图像光栅处理（RIP）控制喷印系统，根据图像所需要的墨水量直接喷印在织物上，实现按需喷墨、资源节约、废水回用，染料用量仅为传统印花所需的 15%～40%，节约用电 20%～40%，节约用水 40%～60%，每万元产值能耗只有传统印花的 1/10，极大地促进了绿色纺织品和绿色制造的发展。该系统先后获得国家技术发明奖二等奖、首批国家自主创新产品认定、中国纺织工业联合会科技进步奖一等奖等多项荣誉。

目前，纺织数码喷印技术在国内开始进入规模化推广阶段，趋势良好。数码喷印设备主要应用于纺织印染领域，既满足以个性化、小批量、交货快、花型多、高品质为导向的终端需求，又满足以节能降耗、绿色环保、持续发展为导向的社会需求，促进了传统纺织印染行业的产业转型和技术升级。

7.3 绿色低碳技术创新载体平台建设

绿色技术创新平台是有效整合绿色创新资源，推进节能减排和循环利用关键共性技术研发和转化的重要载体。国家高新区构建多元化创新平台，聚焦绿色技术创新前沿，加快推进绿色科技成果转化应用，实现园区整体绿色发展水平提升。

7.3.1 茂名高新区：建设技术创新研究机构，赋能石化产业生态化转型

茂名高新区前身为广东茂名石化工业区，是以石油化工为主导产业的园区。茂名高新区大力构筑绿色创新平台，积极以技术创新和前沿成果落地推动支柱产业清洁化、低碳化和循环化升级。

一是成立茂名绿色化工研究院。研究院围绕茂名绿色化工和新材料产业技术变革，打造"一平台五公司"总体布局（1 个省级新型研发机构 + 5 个产业服务公司），并先后成立了公共检验检测平台、碳中和科技成果转移转化中心、知识产权协同运营中心。2021 年，研究院联合企业引进了 38 支创新团队，培育孵化了 11 个中试加速项目和 2 家产业服务公司，承担了多项省市

科研项目，参与编制了1项国家标准和3项团体标准，为100余家企业提供了多层次科技服务，有效地促进了本地石化产业经济与科技的发展。

二是打造创新平台体系。以茂名绿色化工研究院、茂名清研先进新材料加速基地、大学科技园为依托，构建起国信创谷科技产业园区、创新大厦孵化器、圆梦创客、丰能橡塑科技产业园、绿色化工与新材料中试基地等五大创新平台，现拥有省级及以上研发和创新平台60多家。建设国家危险化学品质量监督检验中心（广东）、国家危险化学品应急救援（茂名）基地等支撑产业、科技创新发展的服务机构，服务内容涵盖检验检测、科技金融、安评环评、知识产权等多个方面。

7.3.2 苏州高新区：发展多元技术创新载体，增强园区绿色发展竞争力

苏州高新区致力于打造高端技术资源与产业资源间的双向桥梁，持续创建、引入科技创新技术研发平台，助力前沿绿色技术转化落地，加速区内技术孵化，助力绿色产业高质量发展。2022年，全区集聚绿色相关企业共3000余家，培育出各类绿色行业领军人才近200人，双碳概念相关上市公司12家，开发项目超过500项。

一是打造"政产学研用"深度融合的绿色技术协同创新载体。构筑以清华苏州环境创新研究院为核心的清华苏州环境创新研究院环保专业化众创空间。围绕打赢污染防治攻坚战的重大科技需求，形成智慧化真空污水收集系统、电化学催化氧化设备、水污染预警溯源仪等30余项环境治理与管理的"硬"成果，获得国家级、国际奖项12项，其中"基于水质指纹污染溯源的环境精准监管新模式"项目获得第45届日内瓦国际发明展最高奖项特别嘉许金奖及"保尔森奖——绿色创新"优胜奖。

二是设立高新技术产业培育与投资运营商。苏州新区高新技术产业股份有限公司是苏州国家高新技术产业开发区管理委员会于1994年发起成立的苏州高新区首家、苏州市首批上市公司。企业持续深化以市场为导向的绿色低碳技术创新体系，聚焦"碳达峰碳中和"战略目标及长三角一体化发展机遇，设立以新能源领域技术研发和提供节能管理服务为主营业务的全资子公司，通过整合分布式光伏、智能电网、区域能源站等产业资源，全力打造"GLC Park"（Green Low-Carbon Park）绿色低碳产业园区品牌，分批建设GLC Park孵化器、加速器及产业集聚区，加快绿色创新技术成果转化。GLC Park一期项目应用十大绿色建筑节能技术，均采用区内企业相关产品，并以第一名入围江苏省住房和城乡建设厅2022年低碳科技示范工程。

第八章

国家高新区绿色产业体系

国家高新区以"绿"破题，凝聚"绿色崛起"的科技力量，推动绿色产业集聚，坚持产业生态化、生态产业化，加快形成绿色发展和绿色生活方式，推进产业高端化、绿色化、集约化，协同推进经济高质量发展和生态环境高水平保护。

8.1 绿色制造体系

国家高新区利用数字转型和低碳转型双轮驱动，大力引导建设高效、清洁、低碳、循环、创新的绿色产品、绿色工厂、绿色供应链，完善绿色制造体系。

截至 2022 年，49 家国家高新区创建了国家绿色园区，9 家获评国家循环化改造示范试点园区，16 家获评国家低碳工业园区试点，14 家成功创建了国家生态工业示范园区（附录 2）。

绿色产品方面，161 家国家高新区中，共有 29 家国家高新区的企业产品获评绿色产品，其中国家级绿色产品 208 个、省级绿色产品 92 个。绿色产品数量排名前三的国家高新区分别为中关村科技园区、惠州仲恺高新区和佛山高新区，数量分别达到了 86 个、56 个和 46 个。绿色产品数量排名前 10 的国家高新区如表 8-1 所示。

表 8-1 国家高新区绿色产品数量（截至 2020 年）

排名	国家高新区	绿色产品数量（个）
1	中关村科技园区	86
2	惠州仲恺高新区	56
3	佛山高新区	46

续表

排名	国家高新区	绿色产品数量（个）
4	合肥高新区	20
5	楚雄高新区	16
6	重庆高新区	12
7	绵阳高新区	11
8	厦门火炬高新区	7
9	绍兴高新区	5
10	武汉东湖高新区	4

绿色工厂方面，以统计的151家国家高新区为样本分析，共有87家国家高新区的企业获评绿色工厂，其中国家级绿色工厂268家、省级绿色工厂209家、市级绿色工厂48家。绿色工厂数量排名前三的国家高新区分别为中关村科技园区、深圳高新区和乐山高新区，数量分别达到了67家、26家和19家。绿色工厂数量排名前10的国家高新区如表8-2所示。

表8-2 国家高新区绿色工厂数量（截至2020年）

排名	国家高新区	绿色工厂数量（家）
1	中关村科技园区	67
2	深圳高新区	26
3	乐山高新区	19
4	绍兴高新区	18
5	白银高新区	15
6	沈阳高新区	15
7	成都高新区	15
8	佛山高新区	14
9	广州高新区	14
10	株洲高新区	14

绿色供应链方面，151家国家高新区中，共有29家国家高新区的企业建立了50条绿色供应链，其中国家级绿色供应链41条、省级绿色供应链9条。绿色供应链数量排名前三的国家高

新区分别为中关村科技园区、湖州莫干山高新区和惠州仲恺高新区，数量分别达到了 11 条、4 条和 3 条。绿色供应链数量排名前 9 的国家高新区如表 8-3 所示。

表 8-3 国家高新区绿色供应链数量（截至 2020 年）

排名	国家高新区	绿色供应链数量（条）
1	中关村科技园区	11
2	湖州莫干山高新区	4
3	惠州仲恺高新区	3
4	福州高新区	2
5	广州高新区	2
6	河源高新区	2
7	南京高新区	2
8	青岛高新区	2
9	昆明高新区	2

8.2 传统产业绿色转型升级

加快传统产业转型升级，提升传统产业在全球产业分工中的地位和竞争力，是夯实现代化产业体系基底的重要支撑。国家高新区传统产业致力于向高端跃进、向智能升级、向绿色发力，以绿色化、智能化技术的创新和应用为支撑，以技术改造为手段，实现从源头设计到生产制造再到销售使用的全生命周期绿色化。

8.2.1 南昌高新区：升级产业链网，打造绿色高端发展模式

南昌高新区围绕产业链补链、延链、强链，先后开展了"项目落地年""大干项目年""项目提速年"等主题活动，推动有色金属加工产业链绿色高端发展，成功打造高新区首个千亿元产业集群，形成以江铜集团为龙头的高档电解铜箔→高精度铜板带→精密铜管→冷媒漆包线→相关下游产业的铜资源深加工产业链，以江钨浩运、百利精密刀具为龙头的钨粉及稀土金属→钨棒到硬质合金→精密刀具等产品的完整钨产品深加工链，以方大新材料、泓泰集团为龙头的太阳能电池→动力电池→纳米电池隔膜→蓝宇膜分子筛等的铝资源深加工产业链，有效提升产品竞争力，实现细分领域市场高占有率，2022 年新材料产业营收达 1200.5 亿元，同比增长 6.7%。

生态化推进产业发展，增强产业含绿量。南昌高新区按照"集中、集聚、集约、集成、集群"的产业发展思路，优化空间布局，打造新材料产业集聚区，布局江铜研究院 2.2 万平方米的中试基地。坚持"龙头引领、集群发展"，成功培育方大特钢、江铜集团等百亿元企业，提升产业整体竞争力。推广清洁生产工作，对积极开展清洁生产审核并通过市级以上相关部门认定的企业，给予每家企业 10 万元一次性奖励，成功培育江西省江铜铜箔科技股份有限公司、江西江铜龙昌精密铜管有限公司两家国家级绿色工厂。

8.2.2 青岛高新区：聚焦智能制造，推动传统产业提质增效

青岛高新区开展科技型企业梯次培育"护航计划"行动，构建"雏雁成长、强雁振翅、头雁引领、雁阵齐飞"的绿色科技型企业全生命周期雁阵培育体系，着力新一代信息技术和智能制造、机器人等高精尖技术全链式产业布局，获批国内首家"国家机器人高新技术产业化基地"和机器人创新型产业集群试点，打造了新松国家机器人产业创新平台等 7 个国家级创新平台和一系列省、市级创新平台，年申请发明专利 200 余件。

青岛高新区聚焦高档数控机床、智能仪器仪表、智能控制系统、智能制造系统集成，持续做优做精智能制造业，推动传统制造产业高端化、智能化、绿色化发展。高新区内聚集了一批智能装备制造龙头企业，创新发展了一系列新兴技术。其中，码垛机器人填补国内空白，应用在饲料、粮油、食品、化工等行业，提高传统制造业企业生产效率；自动化生产线为新能源、商用车、工程机械等行业提供智能化、一体化产线；T 轴碳纤维轻型材料高速桁架机器人应用于轮胎制造业，可完全替代人力搬运轮胎，提高全钢轮胎生产的自动化水平；矩阵式叶片测量方案应用独立研发的矩阵式测量软件，实现叶片类小型零部件的批量检测，提升检测效率且精度极高。依托青岛高新区创新资源集聚的载体优势、各类研发补贴和专项资金等政策支持，众多智能制造企业扩规增容，助推区域传统制造业提质增效。

8.3 打造绿色低碳产业新高地

国家高新区以国家战略为导向，坚持走创新、协调、绿色发展的新型工业化道路，从人与自然和谐共生的高度推进生态优先、节约集约、绿色低碳发展，积极培育新能源等绿色低碳产业，努力打造科技创新引领、经济发展与绿色生态深度融合、协调发展的绿色发展新高地。

8.3.1 肇庆高新区：抓住产业新风口，打造大湾区绿色产业新高地

肇庆高新区立足"全国新能源动力电池主要生产基地"的战略定位，大力发展以储能电池、动力电池为核心的新能源产业，以宁德时代、小鹏汽车为"双核"不断强链延链补链，产业集聚速度加快，截至2023年5月产业链集聚了优质新能源企业近100家。高水平谋划6.6万亩的大旺新能源智能汽车产业城，为新能源产业打造"万亩千亿"大平台，促进新能源产业与汽车产业"双链"深度融合，着力打造粤港澳大湾区绿色产业高地。2022年新能源电池产业链上下游产值达523亿元。大力推广光伏发电，截至2020年年底，肇庆高新区利用建筑屋顶进行太阳能光伏发电项目42项，太阳能光电建筑应用装机容量182.4 MW，成功实现除电厂外的所有企业100%采用天然气和生物质能等清洁、可再生能源。

肇庆高新区还出台《肇庆高新区节能与循环经济专项资金管理办法（试行）》，鼓励企业构建循环经济产业链，推动企业开展清洁生产。一方面，推动节能技术应用和改造，鼓励企业开展余热回收；另一方面，通过扶持固体废物综合利用项目，实施节水技术改造、水资源回用等项目，资源利用率保持在较高水平。通过循环化改造，肇庆高新区循环经济产业链关联度达75%，为高新区物质减量和循环利用提供了有力的支撑。成功打造以宁德时代、小鹏汽车、宝龙汽车、动力金属等为龙头的新能源汽车循环经济产业链，实现成本节省和经济收益的增加，能源产出率大幅提升。

8.3.2 武进高新区：大力优化能源结构，着力构建绿色产业体系

武进高新区坚持"高端化、集聚化、链式化、自主化"方向，以新能源汽车、太阳能光伏、绿色充电设备等产业为突破口，着力构建绿色产业体系，优化产业结构。大力引导建设高效、清洁、低碳、循环、创新的绿色工厂，现拥有恒立液压、万帮数字能源等绿色工厂22家，其中国家级绿色工厂5家，高新区也荣获"国家级绿色工业园区"称号。2022年，武进高新区空气质量优良天数比率达78.8%，达到高新区空气站点历史最好数据。

（1）节能环保产业

利用高新区内顺风光电、晶品光电等龙头企业，围绕相关电池材料/组件、智能与建筑一体化组件与系统集成等方向，提升光伏光热发电产业竞争力。依托高新区内的国家半导体照明高技术产业化基地，促进区内LED产业链的高技术化、精密化、规模化和应用化发展，狠抓核心技术研发和产品应用推广，坚持全产业链发展，完善LED产业配套体系，拓展LED终端规

模化效应，在 LED 照明、封装、系统应用等方面形成集聚。

（2）新能源汽车产业

武进高新区依托理想汽车整车项目和万帮数字能源等龙头企业，扩大区内现有南方轴承、龙城精锻等一批内资汽车零部件企业集群规模，并集聚安费诺、斯泰必鲁斯、博世汽车电子等一批世界级汽车零部件生产基地。随着中汽研华东院、美国 UL 等一批高端检验检测平台相继落户，新能源汽车产业链日益完善、产业集群逐步壮大，实现太阳能光伏发电主要工业厂房全覆盖，高新区光伏电站总装机 27.4 兆瓦。截至 2022 年年底，新能源产业产值规模达 668.6 亿元，同比增长 55.3%。

第九章

国家高新区绿色生态体系

9.1 推动减污降碳协同增效

国家高新区已开展大量绿色低碳发展创建工作，部分试点示范园区在控制温室气体和污染物排放方面已取得显著成效，为园区减污降碳协同增效打下了扎实基础。

9.1.1 嘉兴高新区："无废产业"全面支撑"无废工业园区"建设

嘉兴高新区作为首批嘉兴市"无废工业园区"之一，将无废园区建设与"无废产业"培育紧密结合，立足主导产业和特色产业，建设一批具备战略性、支撑性的固废全过程治理项目，推进主导产业减污降碳协同增效发展。

聚焦源头减量，推进产业转型升级。光伏产业是嘉兴高新区战略性新兴产业，也是全区高质量发展的主引擎。光伏企业通过"无废工厂"建设加大了源头减废力度。在光伏组件加工阶段，企业通过改进光伏电池板胶膜铺设工艺，实现胶膜卷无缝拼接和废弃胶膜边角料近零排放。同时，结合行业工艺流程产废特点，在加料环节改进加料方式，减少用料残留导致的浪费，龙头企业每年可节约成本上亿元。在产品包装阶段，企业充分贯彻减量化、循环化的"无废"理念，改木质托盘为金属托盘，实现包装物循环利用，一般工业固废产生量降低 30% 以上。

纺织印染行业作为传统产业和主导产业之一，嘉兴高新区启动了新一轮印染行业整治提升工作，全面关停不符合区域产业规划的来料加工型印染企业。开展纺织固废"全链条"治理，从固废产生、储存、运输、分类处置等各环节入手，加强工业固废污染防控。针对产量较大的纺织行业固废，召开规上工业企业听证会，全面签订固废有偿处置协议，完善一般工业固废的收集处置体系。

聚焦收运环节，数字赋能固废收运。餐厨垃圾、建筑垃圾收运作业车辆采用GPS实时定位系统，确保收运作业信息化、透明化、高效化，便于及时掌握餐厨废弃物和建筑垃圾收运情况，可视化感知车辆时速、运行轨迹，实现运输过程全量化、实时化、动态化监管。开发污泥处置预约系统，所有污泥产生企业均需通过系统进行预约，之后凭借二维码订单，方可进厂处理，在合理调度每日污泥处理量的同时，减少了车辆的排队时间，避免二次污染。

9.1.2 湘潭高新区：探索减污降碳新路径，创造老工业城市新经验

2022年，湘潭市作为湖南省唯一一个生态环境部确定的"三线一单"减污降碳协同管控试点城市，以目标、源强、分区、措施"四个协同"为核心，在湘潭高新区开展"三线一单"减污降碳应用试点，探索减污降碳"新路径"，推动经济社会高质量发展，为全国"三线一单"更好地发挥减污降碳作用提供"湘潭经验"。

湘潭高新区根据区域产业结构和能源结构特点，从政策制定、项目准入、园区循环化改造、企业低碳改造4个方面试点，促进园区绿色循环化改造，引导钢铁、火电等重点行业高耗能高污染生产环节工艺优化升级，加快实施一批重大重点节能减排工程。

作为湘潭高新区钢铁行业的龙头企业，湘钢近年来投入40多亿元，充分挖掘钢铁冶炼产生的余热、余能，生产环节工艺不断优化升级，一大批重大重点节能减排工程相继实施。2021年，湘钢135 MW超高温高压余能发电站自发电产量255 405.30万千瓦时。投资约4.53亿元实施的高效余能发电项目采用150 MW超临界凝汽式汽轮发电机组，投产后年供电量达11.136×10^8千瓦时，减少外购电费约6.79亿元/年。2022年，湘钢综合能耗为516.46万吨标准煤，同比下降4.1%。2023年第一季度，湘钢排放二氧化硫同比下降34.52%、氮氧化物同比下降19.95%、颗粒物同比下降8.62%。

9.2 加快能源结构绿色低碳转型

国家高新区坚持推进经济与资源能源脱钩发展，持续深化能源结构绿色低碳转型，严控煤炭等化石能源消费，依托绿色低碳技术促进产业和经济发展能效提升。

9.2.1 嘉兴高新区：分布式光伏应用创新，助力能源绿色升级

嘉兴高新区（原秀洲高新区）立足光伏新能源产业链优势，大力推进能源低碳绿色发展，在全国率先探索出分布式光伏应用的"秀洲模式"，实现能源结构绿色低碳转型，相关经验经国家能源局在全国范围内推广。

率先树立分布式光伏应用标杆。规划以工业建筑为主的规模化连片发展分布式光伏发电示范区应用模式，设计统筹考虑居民住宅、市政、园区等建筑载体的"多样多元"建设模式，打造统一规划布局、统一资源管理、统一推进服务、统一运营管理的户用模式，探索出"光伏＋储能"点对点直供模式，在满足电能用户需求基础上降低了用户用能费用，提高了系统信息化、自动化、智能化水平，为园区高效提供清洁能源、减少能源消耗提供了实施方案。截至2021年年底，全区受理光伏项目5408项，装机总容量265兆瓦，2021年累计发电量2.54亿千瓦时，累计上网电量1.23亿千瓦时，同比分别上涨8.23%、1.68%。

强化光伏电站运维服务。发挥民营光伏发电运维服务在嘉兴高新区的先行优势，集聚光伏运维企业总部，统一运维区域内的分布式光伏电站。依托专业公司及机构搭建的光伏数据中心，一站式解决光伏全产业链创新服务需求，以智慧运用服务链推动产业链高质量发展。打造分布式光伏云平台，实现光伏电站全生命周期的数字化管理，做强"互联网＋物联网＋跟踪服务"，集聚集中监控、智能预警、智能运维等功能，让能源利用更绿色。截至2022年，已经累计接入全国企业逾2400家，光伏电站逾18 000个，容量逾14 GW。

9.2.2 莱芜高新区：氢进煤退，按下能源结构转型"快进键"

莱芜高新区作为以钢铁、煤炭资源为主的传统工业区，深入践行绿色发展理念，聚焦"加快新旧动能转换，推动高质量发展"这条主线，不断加快能源结构绿色升级。

聚焦煤炭压减，多措并举降低煤炭用量。坚持将煤炭压减作为调整优化经济结构、加快新旧动能转换、推动经济绿色高质量发展的重要抓手，选择就近的华能莱芜电厂作为蒸汽替代，整个蒸汽主管线达18千米，总投资达1.58亿元，涉及莱芜区、钢城区3个街道12个村庄的土地。成功淘汰维达纸业、泰禾生化等35蒸吨/小时及以下燃煤锅炉，成为全市第一个无煤工业园区。

聚焦氢能推广，强化新能源供给体系构建。依托泰钢集团炼钢项目，成功打造全国第一座钢铁行业副产氢纯化管道供氢加氢母站，构筑加氢站建设运营"前站后厂"新模式，为工业副产氢纯化利用提供了样板典范，具有可推广、可复制的"零碳"特点，作为全国绿色发展范例

荣登《焦点访谈》。项目应用了先进成熟的定向去杂工艺技术，配备国内单体最大隔膜压缩机、高品质氢气检测实验室，集制备、纯化、检测、充装、加注和管道输送于一体，可覆盖周边150千米范围氢能汽车用氢需要。

9.2.3 保定高新区："风光"无限，打造高质量"中国电谷"

保定高新区结合自身区位优势及产业特色，始终致力于打造中国新能源与智能电网产业战略发展平台，已结出累累硕果，是科技部批准的能源设备基地、智能电网主要单位，为全国能源结构低碳快速转型提供了有力的支撑。

发扬特色定位优势。依托高新区产业集群优势，持续深化"中国电谷"发展战略，突出"中国电谷"新能源产业的鲜明特色，以独特的产业品牌优势成功吸引中国兵装集团、国电集团、国家开发银行等国字号大集团、金融机构加盟合作。先后被国家发展改革委、科技部、商务部、工业和信息化部等部委授予"国家高技术产业基地""国家可再生能源产业化基地""国家新型工业化产业示范基地""国家太阳能光伏发电集中应用示范区"等诸多荣誉。连续创下诸多国内外第一，中国第一座太阳能光伏电站与五星级酒店一体化建筑、中国第一块 240 kg 太阳能电池硅锭、第一片大功率风力发电叶片、第一个风电叶片研发中心、第一台大型风电整机传动检测平台、第一家风力发电技术及设备国家重点实验室、第一家光伏材料及技术国家重点实验室。

构建"风光氢储输"五链网状协同的产业集群。持续发力光电、风电、节电、储电、输变电与电力自动化设备六大产业领域，培育出英利集团有限公司、国电联合动力技术（保定）有限公司、保定天威保变电气股份有限公司等光电、风电、输变电国内行业领军企业，覆盖了智能电网整个产业体系，深化电力及新能源装备产业集群优势，强化协作配套、开放联动的电力及新能源装备生态链。2022年11月，保定市"电力及新能源高端装备集群"成功入选国家先进制造业集群名单，实现了京津冀地区国家先进制造业集群"零"的突破。

9.3 数字化管理助力园区绿色低碳发展

当前，信息化、网络化、数字化、智能化交织演进，网联、物联、数联、智联迭代发展，全球正在加速进入以"万物互联、泛在智能"为特点的数字新时代。绿色化推动资源能源的高效利用和技术与产品的低碳减排，推动生产方式、生活方式的变革，是碳达峰、碳中和目标提出的内在要求，也是实现高质量发展、推进人与自然和谐共生的必然要求。数字化和绿色化都是构建新发展格局的重要着力点和有效路径。推动数字经济和绿色发展深度融合、联动增效、协同发展是经济社会转型发展新趋势。

国家高新区作为区域经济发展和新技术、新产业培育的主阵地，以数字化管理整合园区内外部资源，构建统一、高效的智慧园区一体化管理平台，提升园区管理效率和精准化施策能力已是大势所趋。截至2020年，161家国家高新区中52.2%的国家高新区搭建了集政务、环保、能源监控为一体的数字化平台。

9.3.1 德州高新区：优化园区管理，打造绿色产业集群

德州高新区为推进园区资源环境统计监测基础能力建设，围绕高端装备制造、新能源新材料、医养健康等主导产业，规划建设绿色智能管理综合服务系统（平台）项目，建成园区绿色产业运行分析大脑及环保监测、安全监测、能耗监测信息平台，推动园区能源资源管理智慧化，促进生产方式绿色精益化，促进绿色产业高质量发展。2020年12月，德州高新区被国家发展改革委和科技部确定为国家绿色产业示范基地。

9.3.2 常州高新区：以数字手段创新环境执法

常州高新区于2020年完成环境监测监控一体化平台建设，以提高数据准确性，推进信息互通共享、问题共抓共治。一是采集多源异构数据，涵盖环境质量、污染源监测及各项管理、自然生态、气象、区域发展、企业工商等多个维度。二是形成数据标准体系，根据工业信息化及生态环境行业相关标准体系，建立生态环境数据的命名标准、词根标准、代码标准、编码标准。三是开展数据治理，基于统一的数据标准，开展数据质量稽核、数据清洗、标准化处理等数据治理，提高数据质量，建立有效关联和相互补充，打破业务烟囱和数据孤岛。平台通过污染源基本信息这一主数据，结合企业工商数据，确立了污染源社会信用代码这一数据唯一标识码，使得污染源各项管理数据能够有效关联，建立了污染源的全生命周期档案，档案将持续在未来的污染源监管中，不断归集、更新更多的环境管理行为数据，彻底打通环境管理脉络。四是设计账户和权限体系，针对不同部门的管理用户、被监管企业和公众的需求场景，分配对应的数据权限，在保障数据安全的同时提供数据资源和服务，为园区提供一站式全方位数字化服务。

9.3.3 无锡高新区：建立全国首个双碳双控管理平台

2021年，无锡高新区以碳达峰目标为引领，搭建了"一基金两中心一平台"体系，推动先进绿色技术试点应用，打造低碳行业应用示范地和绿色技术策源地。

无锡高新区成立全国首支零碳投资基金，搭建了国内首个政府双碳双控管理平台——"双碳大脑"方舟碳管理平台。该平台将在首批200家重点规上企业开展试点，打造区域碳管理"绿色样板"，实现碳排放和能耗指标的可跟踪、可分析、可视化，统一管理碳数据、碳指标及能耗数据指标。该平台将由3个部分组成，一个是企业级视角，一个是园区级视角，一个是政府级视角。基于此平台，不仅能看到整个高新区碳排总量、碳排强度、能耗总量、能耗强度等指标，还可以基于人工智能、物联网技术，实现碳排放实时统计、精准跟踪和及时预警，构建起企业、园区、政府数字化碳管理体系。

无锡高新区还创建了远景零碳数字创新中心。该中心将通过"双碳大脑"方舟碳管理平台的建设和运营，提供碳看板、碳地图、碳足迹、碳管理、碳中和等模块，实现政府所辖区域内能耗、碳耗全流程实时统计、精准掌控和及时预警，帮助高新区内企业持续跟踪企业能耗及节能项目，打通碳交易市场。

9.4 打造生产、生活、生态"三生"融合新样板

"三生"融合坚持"以人为本"发展理念，强调产业和城市相辅相成、相互依托、相互促进、良性互动的共同发展状态。按照《国务院关于促进国家高新技术产业开发区高质量发展的若干意见》和《"十四五"国家高新技术产业开发区发展规划》，国家高新区要深入推进产城融合发展。近年来，以苏州工业园区、无锡高新区、南昌高新区等为代表的国家高新区以生态环境为依托，以高新技术产业体系为驱动，完善科研、教育、医疗、文化等公共服务设施，加强与市政建设接轨，以产促城、以城兴产、产城融合，推进安全、绿色、智慧科技园区建设。

9.4.1 苏州工业园区："产城融合"打造长三角改革发展新高地

苏州工业园区着眼于"产城融合、以人为本"的定位，全面增强园区科创策源、开放窗口、产业支撑、专业服务、时尚消费、现代文化、产城融合等核心功能，努力打造高品质、高辐射城市样板。

(1) 规划先行,空间联动

在 2007 年苏州市总体规划中,苏州工业园区被赋予"市域 CBD"和"东部新城"的定位,园区内各片区分工明确,多功能片区协作互融发展。以金鸡湖为核心,环金鸡湖区域布局中央商务区,构成园区的城市级中心;围绕 80 平方千米"中新合作区",布局商务、科教创新、旅游度假、高端制造与国际贸易四大功能板块,形成"产城融合、区域一体"的城市发展架构。

交通层面,构建多层次的综合交通体系,促进园区内各功能片区之间、园区和城区之间的互联互通,轨道交通、公交和班车等多种公共交通穿越园区,加强园区与主城区的空间联系,满足园区和城市发展的交通需求。生态层面,园区在建园之初就很重视园区内的生态保护和景观营造,其空间结构上有一条连接新区和古城区的东西向景观主轴线,使得园区在城区空间、交通、功能和景观上都与其他片区有良好的互动,园区内景观带、景观节点都完美融入城市的生态格局中,共同构建起城市的蓝脉绿网,打造区域生态网络。

(2) 功能完善,分级配套

在建园之初,苏州工业园区就学习新加坡经验,按区域中心、分区中心、邻里中心和组团中心 4 个等级完善人本主义的服务设施配套建设。其中,工业邻里中心是用来满足 700 米半径内的 8500 户居民的日常生活需求的,其业态是以居民需求为出发点,因此每个邻里中心配套有便利店、餐饮、文教、酒店、银行、购物等多项居民服务设施,同时考虑到景观需求和公共空间的打造,在邻里中心结合河道等生态资源布置邻里公园。工业邻里中心的打造合理解决了传统工业园区服务配套不完善或布局过于集中的弊病,使每个从业者及其家庭在邻里范围内就可以解决居住、教育、购物、游憩等多项生活需求,减少了不必要的交通负担,有效促进园区的融合发展。

(3) 人才集聚,产教融合

苏州工业园区以电子信息制造、机械制造为主导产业,同时汇集了金融、总部经济、外包、文创、商贸物流、旅游会展等现代服务业和光电新能源、生物医药、纳米技术等环保新兴产业。2020 年,苏州工业园区实现地区生产总值(GDP)2907 亿元,第三产业增加值占比达到 50% 以上。2020 年 10 月,《园区管委会关于加快高等教育发展进一步推动世界一流高科技园区建设的若干意见》等新一轮政策实施,高质量推动"以产聚人、育人兴城"。独墅湖科教创新区持续优化科教资源,引导区内高校推进专业内涵建设,提升产业适用人才培养质量,推深做实产学研合作,不断加强人才培育引入和科技成果转化孵化,持续放大高校在产业创新集群中的支撑作用。目前已集聚包括 60 位院士在内的领军人才超 2500 名、15 家"国家队"科研院所、5000 多家科创企业、38家上市企业。

苏州工业园区通过打造线上"人才总入口"，把50余项人才政策梳理成一整套体系，各类人才只要轻点手机，即可实现个性化匹配、便捷化申报、一键式兑现；推出"留创贷"专属金融产品服务，短短4个月就为503家留创企业授信合计10.21亿元；苏州创新投资集团集结四大类千亿元级基金群，引导资本要素充分涌向创新创业领域；打造苏州科技商学院，探索复合型科创人才培养新路径，让科技人员懂产业、产业人员懂科技、科学家懂管理、管理者懂创新，全面打造创新要素集聚、新兴产业发达、高端人才荟萃、创业生态完善的产教融合高地。

9.4.2 莫干山高新区："三生融合、三绿联动"实现高质量发展

莫干山高新区坚持"三生融合、三绿联动"的高质量发展路径。"十四五"期间，围绕"一室一金一中心"构建绿色发展新格局，"一室"即建设莫干山实验室，创建双碳领域浙江省实验室，"一金"即设立绿色产业投资基金，引导和激励社会资本投入绿色产业领域，"一中心"即打造全国"地理信息+"场景创新中心，以绿色场景建设促进绿色技术转化、赋能绿色产业发展，持续推动"地理信息+"产业生态发展，推动碳达峰、碳中和目标实现。

一是发挥以研究院经济为核心的创新生态优势。截至2020年，园区共引培省级以上研发创新平台120余家，与绿色发展相关的新型研发机构16家。

二是发挥以"地理信息+"为引领的产业生态优势。布局智慧交通等"地理信息+"绿色场景，支撑国家新一代人工智能创新发展试验区建设。开展企业绿色化改造，共7家企业获批国家级绿色工厂，4家企业获批国家级绿色供应链管理示范企业。

三是以绿色自然生态为基底的科技新城形象初显。发挥毗邻莫干山、下渚湖等自然风景区的生态资源优势，持续推动生态景观建设，地理信息小镇、通航智造小镇分别成功创建4A、3A级景区。

四是推行"标准地"改革，探索绿色治理新路径。2017年，高新区出让全省首块"标准地"，在土地出让公告中加入环境标准、单位工业增加值能耗等指标。现行标准将单位工业增加值能耗要求由首块地的0.5吨标准煤/万元调整至0.37吨标准煤/万元，从源头严控高新区能耗。

9.4.3 无锡高新区：重塑品质，擘画产城融合新蓝图

无锡高新区聚焦"具有全球竞争力的现代化国际化创新型城区"的目标愿景，制定了现代化国际化创新型城区产城融合规划及三年行动计划，为高新区产城融合之路擘画新蓝图。构建

"一核、四心、三轴"空间格局，未来3年将通过科技创新引领行动、智能制造升级行动、国际城区建设行动、人文品质提升行动、绿色低碳示范行动、城市精细治理行动，实施产城融合建设工程项目600多个，社会总投资约3000亿元。

无锡高新区逐步积累了良好的产业基础，集成电路、生物医药、物联网及数字、装备制造等产业集群特色鲜明。近年来，无锡高新区"6+2+X"现代特色产业势头迅猛，战略性新兴产业、高技术制造业、高新技术产业产值占规上工业比值均为全市第一。

无锡高新区着力提升"宜居指数"，累计建成区园林绿地面积净增192公顷，绿化覆盖率达33.6%。新建改扩建学校43所，增加学位3万余个。联手上海瑞金医院成立瑞金医院无锡分院，400多名专家定期来锡进行诊疗；打造"15分钟养老服务圈"，建成全市第一家公建民营养老机构、全国第一家标准化试点养老机构。

第十章

国家高新区绿色发展支撑服务体系

10.1 绿色金融服务体系

2016年以来，以中国人民银行会同相关部门印发的《关于构建绿色金融体系的指导意见》为标志，初步确立了绿色金融发展"五大支柱"，即绿色金融标准体系、环境信息披露、激励约束机制、产品与市场体系及国际合作，发挥绿色金融资源配置、风险防范和价格发现"三大功能"，绿色金融政策框架趋于完备。

"双碳"目标下，绿色金融制度体系建设进入了新的阶段，国家高新区积极促进科技与金融深度融合，出台绿色金融相关政策，丰富绿色金融服务产品，搭建融资平台，创建评价体系，"点绿成金"，为绿色低碳产业提供坚实支撑。

广州高新区紧紧依托实体经济大区的产业基础和特色发力绿色金融，率先复制推广花都区两年多来绿色金融改革创新的经验做法，2021年5月出台了《广州市黄埔区　广州开发区　广州高新区促进绿色低碳发展办法》（简称"绿色金融10条"）。"绿色金融10条"围绕"机构、产品、市场、平台、创新"五大维度，从绿色金融组织机构、绿色贷款、绿色债券及资产证券化、绿色保险、绿色基金、绿色企业上市挂牌、地方金融机构绿色业务、绿色金融风险补偿、绿色认证费用、绿色金融创新等10个方面提出22项具体措施，最高补贴1000万元。

广州高新区"绿色金融10条"结合了自身实体经济产业基础和特色，充分吸收借鉴花都区及国内其他绿色金融改革创新试验区的先进经验做法，是目前全国综合力度最大、支持范围最广的地方绿色金融政策，多项措施属于全国首创，探索了全国发达地区实体经济基础雄厚条件下绿色金融发展的有效路径，打造了地方绿色金融改革创新的"黄埔样板"，为绿色金融制度贡献了高新区力量。

广州高新区不断在绿色金融方面开拓创新，发布了国内首个绿色资产评价体系"绿创通"，旨在为绿色科创企业提供绿色金融全过程服务，通过信息联动共享，创新绿色资产评估模式，实现无形资产增信、变现、风控的完整闭环，同时整合交易和金融业务资源，保障交易的真实性及各市场主体的合法权益。在"绿创通"推动下，多家企业与银行签署了绿色授信相关协议，辅助首批3家企业实现授信规模共2亿元，实发1.2亿元融资贷款。"绿创通"项目的发布是广东省乃至粤港澳大湾区在加快推进生态文明制度体系建设方面进行的一大尝试。该项目的推广将有利于重塑企业在资本市场的绿色价值，创新绿色价值评估评价体系，引领更多社会资本投入大湾区可持续发展建设中，探索出一条绿色标准与国际标准相接轨的新路径。此外，广州高新区还成立了科学城（广州）绿色融资担保有限公司，重点突出绿色定位，加大对绿色中小微企业的支持力度。

10.2 建立双碳人才服务制度

立足新时代"双碳"战略目标，国家高新区不断创新人才发展体制机制，不断优化人才发展环境，通过人才激励、产业支持、科研支持等措施，最大限度激发人才创新创业活力，积极培养双碳管理人才、双碳技术评估人才、技术经纪人才、双碳金融服务人才等，为高新区发展提供强有力的人才支撑和智力保障。

10.2.1 "双碳"人才引进

国家高新区构建具有全球竞争力的人才引进制度体系，设立专项资金，强化柔性引进，加快高素质、专业化"碳中和"创新高层次人才队伍建设，特别是绿色科学技术创新、绿色技术应用、绿色经济管理、绿色发展智库等人才队伍建设；充分利用"碳达峰""碳中和"为人才培养提供广阔天地，强化国家目标、市场需求与学科建设间的联系，把优秀人才聚集、培养与相关重大科技布局、产业布局、平台建设有机结合，夯实在"双碳"领域的人才储备。

10.2.2 "双碳"人才培育

以"双碳"人才需求为牵引，国家高新区与高校、科研院所、行业协会共同合作，系统构建服务"双碳"战略的一流人才培养体系。"双碳"人才培养是一项长期任务和系统工程，涉及学科专业、教育教学、师资队伍等多个方面，必须坚持系统观念、多维发力，构建符合人才成长规律、教育教学规律、科技创新规律的一流人才培养体系。

国家高新区与高校系统推进"双碳"学科专业布局，重点建设新能源、储能、氢能等紧缺学科专业，深化能源学科与金融、管理等学科交叉融合，强化传统能源学科专业内涵建设。同时，国家高新区加强高校与行业企业良性互动，组建"双碳"产教融合发展联盟，把"双碳"最新进展、成果、需求和实践融入人才培养环节，增强行业企业对"双碳"人才培养参与度。

> **专栏 10-1　国家高新区"双碳"人才培育案例**
>
> 保定高新区校企联合搭建低碳人才培养平台。保定高新区立足新能源与智能电网产业人才需求，积极推动区内骨干企业与高校深化产学研合作，充分依托高校人才储备优势和企业技术资源优势，全方位开展低碳技术创新研究及成果转化工作，培养未来低碳行业领军人才。校地联合共建大学科技园。高新区管委会联合华北电力大学等院校，共同组建保定国家大学科技园，形成了"一园多校、校地共建、联合创新"的发展模式。
>
> 齐齐哈尔高新区建设科技创新示范区和专业化人才基地。积极与国际先进风电产业和生物质能规模化利用的先进技术对接，开发风电、生物质能、太阳能多元互补联动发展模式，使之成为中国战略型新兴能源产业的新增长极。培育形成国内领先的新能源和可再生能源规模化利用人才队伍，实现专业人才学历教育培养在校生人数 1.5 万人 / 年以上、专业培训和职业培训人次 1 万人次 / 年以上，开展经常性的新能源和可再生能源消费侧指导工作，建立风电微电网博士后工作站。

10.3　创新碳管理制度体系

国家高新区以碳达峰、碳中和目标为导向，坚持和完善能耗强度和总量双控制度，以产业绿色转型为引领，以节能降耗为主线，全面提升能源资源利用效率和产出效益，推动全社会节能降碳工作迈上新台阶。

10.3.1　苏州工业园区：构建全国首个市场化碳普惠交易体系

碳普惠作为我国多层次碳市场体系的重要补充，是一种面向企业实施的中小型减排项目和市民节能减碳行为的激励机制，对于推动全社会绿色低碳发展具有重要意义。基于此目标，苏州工业园区于 2022 年研究编制并发布了碳普惠体系实施方案和管理办法 2 个核心文件，明确碳普惠管理体系、碳普惠减排项目和市场交易体系等核心内容，并由国网苏州市工业园区供电公司牵头组建碳普惠（苏州工业园区）运营中心，标准化、规范化开展方法学管理、减排项目管理和减排量管理等日常运营工作。

为加速推动市场的形成，该体系配套开发了"园区碳普惠智能服务平台"，与苏州市能源大数据中心数据实现贯通，依托电网企业电力大数据优势，将分布式光伏企业的"发电数据"快速核证为有效的"碳减排量"，为企业提供在线减排量核证服务，降低企业碳减排量核证成本。截至目前，已有 15 家光伏企业加入碳普惠平台，博格华纳、赛峰飞机发动机等 20 余家企业明确了碳减排量的购买意向，潜在年碳减排量需求超过 20 万吨。

10.3.2 肇庆高新区：首创全国"碳账户+"金融模式

肇庆高新区企业碳账户建设模式是广东省首个依托工业园区开展碳信用体系建设的模式，也是广东省首个基于智能化大数据平台实现数据自动采集的碳信用体系建设模式。肇庆高新区携手中国人民银行肇庆市中心支行，依托国家级试点项目——肇庆高新区源网荷储一体化的智慧能源平台，实现企业碳排放数据自动化动态采集，全面记录企业在生产经营活动中的碳足迹，以"数据采集—精准核算—客观评价"3 个环节打造广东省首个数智化企业碳账户及其评级体系，实现大数据和企业能耗数据的有机结合和转化。该平台自 2022 年上线以来已为肇庆高新区 229 家企业建立"碳账户"。

肇庆高新区以区碳积分账户和建立预授信模型为核心，面向企业推出"云碳贷"金融产品。按照企业碳账户贴标等级靶向配套金融优惠政策，给予企业授信额度、利率方面的倾斜，有效为企业赋能增信、降本提效，助力产业项目落地投产。"云碳贷"金融产品预计总投放额度为 1233 亿元，首次为 61 家企业进行授信，合计发放 14.18 亿元融资贷款，年均节省利息约 752 万元，用创新绿色融资方式"小切口"推动企业融资"大突破"。

10.3.3 合肥高新区：首创全国工业企业碳积分试点

2023 年 3 月，《合肥高新区工业企业碳积分试点实施方案》正式发布，以工业企业为管理主体探索实施碳积分试点，逐步构建工业企业碳信用管理一体化体系，加强结果运用，加快实现节能减排、近零碳车间及工厂等目标，为全国首创，具有创新示范效应。

构建碳积分运行机制。坚持重点行业重点企业带头示范，鼓励其他企业积极参与的原则，首批选择 30 家企业作为试点单位，建立碳积分基础数据库。建立工业企业碳积分评价体系和碳信用管理体系，以行业先进值比较法实现减污降碳协同增效指数在不同行业中可评价、可比较。制定"一企一策"，鼓励实施一批节能降碳示范项目。

构建碳积分结果应用机制。鼓励先行先试，制定碳积分奖补政策，强化政策资金引导支持。加强多维度结果运用，将碳积分与用能权交易、合创券、政策兑现、有序用电、贷款贴息等联动，将企业污染排放、碳排放、产品碳标签及其他绿色低碳评价信息纳入碳积分管理，联合商业银行和担保机构开发推广依托碳积分的"碳足迹""碳减排量"挂钩贷款产品。已有 3 支绿色基金，累计投资了 84 个节能环保、新能源项目，总规模近 20 亿元。与商业银行合作推出了绿色双碳贷，已为近 20 家绿色低碳企业提供约 9500 万元授信担保服务。在条件成熟时，参照碳交易模式，推动开展碳积分交易试点。

加强碳积分试点推广应用。通过部分企业先行先试、以点带面，促进工业领域节能降碳和整体绿色升级。鼓励交通、建筑、能源、商务服务等行业运用碳积分制度，并逐步向社区、个人生活开放，丰富碳积分应用场景，形成一批促进工业节能降碳和碳管理水平提升的高价值实践措施，并向全国工业园区进行推广应用，争创试点示范。

第四篇

国家高新区绿色发展挑战与展望

第十一章

国家高新区绿色发展面临的主要挑战

党的二十大报告指出，"未来五年是全面建设社会主义现代化国家开局起步的关键时期"。必须牢牢把握创新、协调、绿色、开放、共享的新发展理念，实现人与自然和谐共生的现代化，加快绿色高质量发展。经过30多年发展，国家高新区走出了一条具有中国特色的高新技术产业化道路，成为支撑引领高质量发展的重要力量。

新一轮科技革命和产业变革突飞猛进，百年未有之大变局加速演进，世界竞争格局加速重构，数字化、智能化、绿色化成为重要趋势。复杂严峻的外部环境、国家"双碳"战略和创新驱动发展战略对国家高新区提出了新要求。而我国的能源结构和高碳产业结构注定了这是场前所未有的极具挑战的绿色能源和技术革命，科技创新是实现"双碳"目标和推进绿色发展的必由之路。国家高新区应把握新时期绿色发展机遇，全面塑造又"高"又"新"发展新优势，成为支撑高水平科技自立自强和"双碳"目标的第一方阵。

11.1 应对全球气候变化的挑战

我国把应对全球气候变化作为推进生态文明建设、实现高质量发展的重要抓手，构建了碳达峰、碳中和"1+N"政策体系，规划了应对全球气候挑战的"零碳"之路。国家高新区绿色发展既是国家工业领域碳达峰的关键所在，也有利于我国打开对内提质、对外彰显应对全球气候变化大国影响力的双通道。但国家高新区应对全球气候变化的"零碳"之路尚面临以下挑战。

一是高碳经济的挑战。主要表现在两个方面：第一，能源高碳结构。国家高新区原煤仍然占据能源消费主导地位，占比45%以上，尤其是中西部地区和东北地区，占比达到50%以上。第二，传统高碳产业。目前国家高新区产业多为传统产业，尚未突破能源资源依赖性，尤其是化工和钢铁产业。因此，国家高新区经济由"高碳"向"低碳"转变的核心是能源技术和减碳技术创新，以及产业结构的优化。

二是碳排放管理的挑战。碳核算是碳排放管理的基础。这一工作的关键是对国家高新区的空间范围进行明确界定，但国家高新区空间边界多样化和飞地的开发模式导致碳核算边界更加复杂。同时，国家高新区层面碳排放统计核算体系尚未建立，主要针对的是规上工业企业能源消耗统计，对第三产业、交通、生活等方面的用能缺乏监管和统计，非化石能源数据计量体系有待完善。

11.2　推动我国生态文明建设的挑战

2023 年，全国生态环境保护大会上习近平总书记深入分析了当前生态文明建设处于压力叠加、负重前行关键期的形势，深刻阐述新征程上推进生态文明建设需要处理好的 5 个重大关系，强调以更高站位、更宽视野、更大力度来谋划和推进新征程生态环境保护工作。国家高新区的生态化、绿色化发展，对于实现地区经济高质量发展，促进国际和地区间经济合作和生态文明建设具有不可替代的作用。但在正确处理高质量发展和高水平保护关系，推动生态文明建设方面存在以下挑战。

一是存量污染与新型污染物控制的挑战。面对环境污染带来的生态破坏问题，削减存量污染和控制增量污染统筹不够，面临传统污染全面达标与新兴污染综合防控双重压力，亟待从生态设计、全过程优化、生产者责任延伸等方面系统发力，防止污染负荷转移。

二是减污降碳协同增效的挑战。物质流、能量流管理粗放，污染物排放种类多，碳排放量大，减污降碳协同机制尚未摸清，所需精细化数据基础薄弱。目前园区碳排放统计和监测工作几乎空白，在规划、执行、价格机制等方面缺乏经验。

三是基于自然修复的绿色基础设施建设挑战。绿色基础设施建设是区域绿色发展的重要组成部分。目前，国家高新区的生态环保基础设施和市政基础设施多侧重于污染防治和功能性满足，与当地自然环境、景观的协调性普遍不足。并且，绿色基础设施建设还存在财税支持政策仍不健全、基础设施绿色化评价标准空缺等制约因素。因此，统筹系统与局部、灰色与绿色、传统与新型城市基础设施协调发展，正确处理人工修复与自然修复的关系，推动基础设施建设的绿色化转型，提高蓝绿空间总量和生态廊道网络化水平，将成为国家高新区未来生态文明建设的重要内容之一。

因此，坚持系统观、全局观和动态观，科学统筹能源－水－土地－环境等多要素系统，基于人地关系调控制定国家高新区绿色发展路径，以高品质生态环境支撑高质量发展将成为未来挑战。

11.3 区域绿色发展水平差异较大

国家高新区由于受地域、资源、经济发展、工业基础等影响，绿色发展水平差异较大。从绿色发展效率上来看，国家高新区的绿色发展效率平均值为 0.403，比较集中的区间为 [0.1, 0.5]，提升空间较大。绿色发展效率高的高新区多分布在东部地区和中部地区，呈现"小而精"趋势，在有限的土地内实现了较高的经济产出，是全国高新区绿色发展的标杆。如何深化东西合作，发挥先进高新区的示范带动作用，破解国家高新区绿色发展水平不平衡问题是面临的重要挑战。

国家区域重大战略和区域协调发展战略扎实推进，对国家高新区发挥辐射带动作用提出新要求。京津冀协同发展、长江经济带发展、粤港澳大湾区建设、长三角一体化发展、黄河流域生态保护和高质量发展等国家区域重大战略的实施，以及西部大开发、东北振兴、中部崛起等区域协调发展战略的落实，都迫切需要科技创新的全面支撑引领。国家高新区应进一步优化发展布局，高标准建设区域创新增长极，为解决绿色发展不平衡不充分问题贡献重要力量，带动其他地区绿色发展水平全面提升。

11.4 绿色技术创新能力亟须提升

党的二十大报告提出要"加快节能降碳先进技术研发和推广应用"。绿色技术是绿色发展的核心，是实现碳达峰碳中和的重要保障。目前，国家高新区绿色技术创新已取得长足进步和显著成效。但与美欧日等发达经济体相比，高新区在创新深度、质量和关键核心技术突破等方面仍存在差距，绿色技术的支撑作用仍需提升。

一是绿色技术原始创新能力亟须提升。绿色技术人才缺乏，激励机制不健全，绿色技术创新投入不足。在以绿色专利为代表的绿色知识产权创造、保护、运用、服务、地方协同、国际合作等方面，制度建设仍不够完善，工作链条尚未形成。

二是"产学研用"协同机制尚需完善，绿色低碳技术创新成果转化不充分。科研体系和产业体系相互独立、创新链与产业链脱节，缺乏顺畅的产学研协同创新机制、高效的创新／投融信息化共享/沟通平台，绿色技术应用场景供给不够，绿色产业核心竞争力有待加强。科技成果转化已成为创新链上的突出瓶颈，制约着我国的绿色科技转型。

11.5 绿色发展制度体系尚需完善

先进的制度体系是国家高新区绿色发展的软实力。实现"双碳"目标是一场广泛而深刻的经济社会系统性变革，触及多领域多行业主体的利益，需要强劲的政府推动力和完善的监督体系推动执行，目前适应"双碳"目标的制度体系尚需完善，应健全碳信息强制披露制度，加快建设统一透明的碳排放管理体系。

适应绿色低碳发展的市场体系需要进一步完善。绿色电力市场交易政策尚不完善，未完全形成市场化定价机制。可再生能源直购电在弃风、弃光省份已可以开展交易，但在东部高用电负荷省份仍面临政策障碍，可再生能源仍未获准参与电力直接交易。

第十二章

国家高新区绿色发展展望

党的二十大报告提出，加快发展方式绿色转型，推动经济社会发展绿色化、低碳化。科技创新与绿色发展相辅相成，互利共生。新时代新征程，作为国家经济高质量发展的主阵地、创新策源地和先行示范区，国家高新区应把握新时期发展机遇，主动迎接挑战，对绿色发展的认识要更清晰，信念要更坚定，加快突破关键核心绿色低碳技术，着力构筑绿色发展"增长极"，为推动生态文明和美丽中国建设贡献"高新"力量。

12.1 科技为本推动绿色发展

12.1.1 加快绿色低碳技术攻关

充分发挥科技创新在推动减污降碳协同增效，促进经济社会发展全面绿色转型方面的支撑引领作用，推进原创性、引领性的关键核心技术攻关，为绿色发展提供强有力的科技支撑。深入挖掘国家高新区企业中的技术领军人才，通过与高校科研院所合作实施工程领军博士等高层次人才培养项目，围绕关键领域、核心产业开展"卡脖子"绿色技术研发，并加快实现产业化。搭建具有园区特色的技术交流平台，激发更多企业技术骨干的自主能动性，建立市场化运行的绿色技术创新联合体，形成一批科技创新体集群，加快绿色低碳技术推广。深化园区间、企业间科技成果转化综合服务平台建设，大力推进绿色、低碳技术成果转化应用。

12.1.2 加强绿色低碳未来产业部署

加快布局和发展绿色低碳未来产业是突破资源环境要素制约，促进创新发展，推动产业转型升级，培育经济发展新动能、新优势，赢得国际竞争优势的现实需要。

国家高新区作为高质量发展的核心载体和新发展格局的重要支点，将聚焦国家战略需求，强化创新第一动力，贯彻绿色低碳发展理念，依托高校优势学科和学科交叉融合的优势，面向类脑智能、量子信息、基因技术、未来网络、氢能与储能等前沿科学技术和绿色低碳产业深度融合，创新绿色低碳技术应用场景，前瞻部署一批绿色低碳未来产业，全面提升发展质量和效率，推动更多高新区从"世界工厂"向"世界未来产业集群"跃升，率先成为具有国际竞争力的绿色低碳产业高地。

12.1.3 推动智慧化数字化转型

推动国家高新区智慧化数字化转型。探索跨越物理边界的"虚拟"产业园区，促进产业资源虚拟化集聚、平台化运营和网络化协同，构建虚实结合的园区"产业化＋数字化"新生态。加大技术服务，推动更多企业运用云计算、大数据、人工智能等技术实现产业数字化。

引导园区加快数字基础设施建设，利用数字技术提升园区管理和服务能力。抢占国家"东数西算"工程先机。充分发挥国家高新区在全国一体化算力网络节点建设中的重要载体作用，积极引导国家数据中心集群向园区集聚发展。加速园区数字产业化和产业数字化进程，鼓励园区大数据平台建设，整合打通各部门数据，优化区内企业污染排放、资源能源消耗、数字化生产等数据精准监测，进而推动园区智慧化碳管理系统、能源管理系统、环境监测应急系统等智能平台一体化，为深入挖掘园区绿色低碳发展潜力奠定基础。

12.2 低碳循环助力绿色发展

12.2.1 深化能源管理和碳"双控"

深化能源结构调整，落实能源消费革命，创新园区综合能源管理。从系统工程和全局角度推进园区能源系统整体优化，实施园区节能降碳增效工程，鼓励优先利用可再生能源和碳捕捉利用和封存等低碳科技。鼓励园区开展余热暖民，推进能源梯级利用。完善企业及园区能源管理体系、计量体系和能耗在线监测智慧管理系统。

鼓励能耗"双控"向碳"双控"转变。"一园一策"，制定园区碳达峰路线图。结合园区特点，制定园区分类管理办法，明确各类园区能效提升重点，实施"以地定产、以产见碳、以碳优产""不开倒车、不拖后腿、见贤思齐"24字方略。搭建碳排放信息统计监测平台，完善碳排放信息统计体系。借助园区内工业共生网络，依托园区能源、原材料、废弃物循环系统，挖掘内部企业之间的碳互补性潜力，推动低碳技术与既有节能减排项目的融合。建成一批具有国际国内示范意义的碳达峰碳中和标杆园区。

12.2.2 强化可持续水管理

园区层面建立健全"供（取）水—用水—废水处理—排放—废水再生回用—污水处理产生的有机废气治理—污泥处理处置及资源化"等全生命周期园区水管理体系。鼓励园区建设智慧水管理平台，优化供用水管理。加强非常规水源再生利用基础设施建设，推进污水资源化利用，加强点对点供水。建设海水淡化、雨水收集利用、污水处理厂尾水再生回用等非常规水源利用重点工程。加强排污口监控，设立明显标志牌，完善入河排污口在线监测设施，加强入河排污口的监督管理的科技支撑。

鼓励企业间串联用水、分质用水，实现一水多用和梯级利用，推行废水资源化利用。因势利导推动园区与市政再生水生产运营单位合作，推广示范优秀园区产城融合用水新模式，建立企业点对点串联用水系统。鼓励工业企业加强计量软硬件管理。推动企业配齐水、能、料三级计量监测设施，实现数据驱动精准管理；全面推行数字化智能化计量工作，建立实时数据驱动的智慧化物质流管理系统。

12.2.3 推动固废脱钩发展

加强高新区无废蓝图顶层设计。系统识别和把握园区全过程全域废物管理中补短板强弱项难点，科学剖析和把握产业持续减废面临的结构性矛盾，深入理解和把握危废"最小一公斤""最后一公里"服务复杂性。加强园区无废蓝图规划顶层设计，围绕固体废物源头减量、资源化利用、无害化处理处置、完善保障、激发公众参与等关键环节，开展重点行业全过程全产业链减废增效行动，推动园区经济发展与固废产生脱钩。

区域协同建设高标准大型固废循环园区。构建区域一体化的固废管理系统，推进区域固废联防联治。依托城市群协同推进高标准大型固废循环园区建设，建设区域性大宗废弃物综合利用技术平台，推动城市资源循环基地建设。鼓励重点城市群建设区域性再生资源加工利用产业基地，推动再生资源加工利用产业园区化、集聚化发展。

12.3 合作共赢共享绿色发展

12.3.1 区域协同构建绿色创新增长极

探索分区域、分类型的特色化国家高新区绿色发展路径，推广有特色有亮点的国家高新区绿色发展先进经验，示范带动本地及周边区域联动发展。鼓励国家高新区开展各类合作机制模式开发，开展东西合作和南北互动。立足园区资源禀赋优势和地理条件优势，整合或托管区位相邻、产业互补的各级各类园区，打造集中连片、协同互补、联合发展的创新共同体，促进管理、资源等要素在园区和产业之间高效流动，提高产业协同发展效率，减少园区之间同质竞争，探索资源共享与利益平衡机制。优化异地孵化、伙伴园区等多种合作机制，建立"飞地园区""产业飞地"等各类协作产业园区，探索解决区域发展不平衡不充分问题的有效路径。

12.3.2 深化开放坚持双向国际化交流

支持国家高新区"引进来"和"走出去"的双向国际化交流。鼓励园区内企业开展国际科技交流合作，支持园区建设国际合作园、国际技术转移中心等国际科技合作平台。加强投资领域国际合作，巩固大企业投资，吸引更多特色中小企业投资，推动引资来源地和投资主体多元化。以良性互动发展推动高新区产业结构升级、动能转换，形成新的竞争优势。

支持国家高新区与"一带一路"国家持续深入合作，探索开拓更多的合作模式，深化多领域、多层次的国际合作，由单一产业、企业输出向产业、技术、规划、管理、文化系统合作升级。共享国家高新区绿色转型的发展模式，为构建可持续发展的人类命运共同体贡献中国智慧和中国方案。

有序建设中外合作园区。推进开创全面改革开放新局面，提高对外开放绿色低碳发展水平，发挥园区更大作用。以园区为媒，加强国际合作园区建设，通过中外合作绿色低碳园区推进更高水平协同开放，在吸引更多全球高端要素和高端制造能力的同时，推进国际产业双向合作，实现互利共赢、共同发展。

12.4 机制创新保障绿色发展

鼓励国家高新区以创建国家生态工业示范园区、绿色园区、零碳园区等为抓手，从系统工程和全局视角，加强绿色低碳发展顶层设计，强化减污降碳协同增效全过程管理。

创新园区绿色服务供给模式。把绿色低碳循环发展理念、基本方法融入政府基本公共服务能力建设中，切实提升园区管理和服务能力。加强园区智库建设，面向"双碳"目标打造一批碳达峰、碳中和公共服务平台，面向企业、园区提供低碳规划和低碳方案设计、低碳技术验证，以及碳排放、碳足迹核算等服务。

建立健全碳核算和绿色金融服务体系。构建园区碳核算方法、算法和数据库体系，率先对绿色园区、先进制造业集群等进行核算，推动碳核算信息在金融系统应用。选择有条件的园区创新绿色金融产品和服务试点。建立园区、企业绿色发展账户和碳账户，账户涵盖生态环境质量、碳排放、其他污染物排放、经济发展等元素，用以界定相关权利与责任，进而推动高质量发展。

创新园区环境污染第三方治理。把第三方服务打造成园区环境公共领域全科"环境医院"或"环保管家"，包括决策与规划咨询、监督监测、运营维护、环境（政策）风险防范、培训宣教等；确保园区企业达标入网（排放）及集中式治污设施达标排放；确保环境污染治理设施正常运行、排放稳定达标，掌握即时运行情况，及早发现环境（安全）隐患并采取切实有效的补救措施。

附录 1

2020 年以来国家绿色发展政策摘录

为了推进工业园区绿色发展，国务院及科技部、生态环境部、发展改革委等部委相继出台政策文件，促进我国工业园区的绿色低碳转型。现重点对 2020 年以来的相关政策进行摘录。

一、国务院出台的有关政策

1. 2020 年 7 月 13 日《国务院关于促进国家高新技术产业开发区高质量发展的若干意见》（国发〔2020〕7 号）

①建设绿色生态园区。支持国家高新区创建国家生态工业示范园区，严格控制高污染、高耗能、高排放企业入驻。加大国家高新区绿色发展的指标权重。加快产城融合发展，鼓励各类社会主体在国家高新区投资建设信息化等基础设施，加强与市政建设接轨，完善科研、教育、医疗、文化等公共服务设施，推进安全、绿色、智慧科技园区建设。

②强化动态管理。制定国家高新区高质量发展评价指标体系，突出研发经费投入、成果转移转化、创新创业质量、科技型企业培育发展、经济运行效率、产业竞争能力、单位产出能耗等内容。加强国家高新区数据统计、运行监测和绩效评价。建立国家高新区动态管理机制，对评价考核结果好的国家高新区予以通报表扬，统筹各类资金、政策等，加大支持力度；对评价考核结果较差的通过约谈、通报等方式予以警告；对整改不力的予以撤销，退出国家高新区序列。

2. 2021 年 2 月 2 日《国务院关于加快建立健全绿色低碳循环发展经济体系的指导意见》（国发〔2021〕4 号）

①科学编制新建产业园区开发建设规划，依法依规开展规划环境影响评价，严格准入标准，

完善循环产业链条，推动形成产业循环耦合。推进既有产业园区和产业集群循环化改造，推动公共设施共建共享、能源梯级利用、资源循环利用和污染物集中安全处置等。鼓励建设电、热、冷、气等多种能源协同互济的综合能源项目。鼓励化工等产业园区配套建设危险废物集中贮存、预处理和处置设施。

②强化企业创新主体地位，支持企业整合高校、科研院所、产业园区等力量建立市场化运行的绿色技术创新联合体，鼓励企业牵头或参与财政资金支持的绿色技术研发项目、市场导向明确的绿色技术创新项目。

3. 2021年10月24日《国务院关于印发2030年前碳达峰行动方案的通知》（国发〔2021〕23号）

①节能降碳增效行动——实施节能降碳重点工程。实施园区节能降碳工程，以高耗能高排放项目集聚度高的园区为重点，推动能源系统优化和梯级利用，打造一批达到国际先进水平的节能低碳园区。

②工业领域碳达峰行动——推动工业领域绿色低碳发展。深入实施绿色制造工程，大力推行绿色设计，完善绿色制造体系，建设绿色工厂和绿色工业园区。

③循环经济助力降碳行动——推进产业园区循环化发展。以提升资源产出率和循环利用率为目标，优化园区空间布局，开展园区循环化改造。推动园区企业循环式生产、产业循环式组合，组织企业实施清洁生产改造，促进废物综合利用、能量梯级利用、水资源循环利用，推进工业余压余热、废气废液废渣资源化利用，积极推广集中供气供热。搭建基础设施和公共服务共享平台，加强园区物质流管理。到2030年，省级以上重点产业园区全部实施循环化改造。

4. 2021年12月28日《国务院关于印发"十四五"节能减排综合工作方案的通知》（国发〔2021〕33号）

①实施节能减排重点工程——园区节能环保提升工程。引导工业企业向园区集聚，推动工业园区能源系统整体优化和污染综合整治，鼓励工业企业、园区优先利用可再生能源。以省级以上工业园区为重点，推进供热、供电、污水处理、中水回用等公共基础设施共建共享，对进水浓度异常的污水处理厂开展片区管网系统化整治，加强一般固体废物、危险废物集中贮存和处置，推动挥发性有机物、电镀废水及特征污染物集中治理等"绿岛"项目建设。到2025年，建成一批节能环保示范园区。

②加强统计监测能力建设——构建覆盖排污许可持证单位的固定污染源监测体系，加强工业园区污染源监测，推动涉挥发性有机物排放的重点排污单位安装在线监控监测设施。

二、国家部委出台的有关政策

（一）科技部政策

1. 2020年12月20日《科技部关于印发〈长三角科技创新共同体建设发展规划〉的通知》（国科发规〔2020〕352号）

协力提升现代化产业技术创新水平。以长三角生态绿色一体化发展示范区为依托，加强环境生态系统综合治理的科技创新供给，推进高新技术产业开发区工业污水近零排放、固废资源化利用和区域大气污染联防联控科技创新，开展整体技术方案与政策集成示范。

2. 2021年1月29日《科技部关于印发〈国家高新区绿色发展专项行动实施方案〉的通知》（国科发火〔2021〕28号）

（1）主要目标

在国家高新区内全面深入践行绿色发展理念、执行绿色政策法规标准、创新绿色发展机制，实现园区污染物排放和能耗大幅下降，绿色技术创新能力不断增强，绿色制造体系进一步完善，绿色产业不断壮大，自然生态和谐、环境友好和绿色低碳生活方式不断强化，可持续的绿色生态发展体系基本形成，培育一批具有全国乃至全球影响力的绿色发展示范园区和一批绿色技术领先企业，在国家高新区率先实现联合国2030年可持续发展议程、工业废水近零排放、碳达峰、园区绿色发展治理能力现代化等目标，部分高新区率先实现碳中和。到2025年，国家高新区单位工业增加值综合能耗降至0.4吨标准煤/万元以下，其中50%的国家高新区单位工业增加值综合能耗低于0.3吨标准煤/万元；单位工业增加值二氧化碳排放量年均削减率4%以上，部分高新区实现碳达峰。

（2）重点任务

①推动国家高新区节能减排，优化绿色生态环境：降低园区污染物产生量；降低园区化石能源消耗；构建绿色发展新模式。

②引导国家高新区加强绿色技术供给，构建绿色技术创新体系：加强绿色技术研发攻关；构建绿色技术标准及服务体系；实施绿色制造试点示范。

③支持国家高新区发展绿色产业，构建绿色产业体系：进一步优化产业结构、完善产业布局；建立绿色产业专业孵化与服务机构；举办绿色产业专业赛事；搭建绿色产业创新联盟；构建绿色产业发展促进长效机制；健全绿色产业金融体系。

（二）工业和信息化部政策

1.2020年6月9日《工业和信息化部关于进一步加强工业行业安全生产管理的指导意见》（工信部安全〔2020〕83号）

推进化工园区绿色安全发展。综合考虑化工产品作为原材料在国民经济中的重要地位，统筹规划布局，坚持危险化学品企业进园区的发展方向不动摇，推动化工园区的规范发展。引导园区做好顶层设计，构建化学特性相容、产业耦合发展、资源"吃干榨净"、能源梯次利用的产业链。推进智慧化工园区建设，利用信息化手段打造化工园区安全、环保、应急一体化管理体系，提升基础设施建设和专业化管理水平。

2.2022年1月27日《八部门关于印发加快推动工业资源综合利用实施方案的通知》（工信部联节〔2022〕9号）

强化跨产业协同利用。鼓励有条件的地区开展"无废城市"建设，有条件的工业园区和企业创建"无废工业园区""无废企业"，推动固废在地区内、园区内、厂区内的协同循环利用，提高固废就地资源化效率。

（三）生态环境部政策

1.2020年9月23日《关于推荐生态环境导向的开发模式试点项目的通知》（环办科财函〔2020〕489号）

①EOD模式试点申报主体和实施主体为市（县、区）人民政府、园区管委会等。

②依托项目已落地实施的地区，鼓励政府或园区管委会与试点依托项目承担单位联合申报与实施，政府或园区管委会为联合体牵头方。

2.2022年6月10日《关于印发〈减污降碳协同增效实施方案〉的通知》（环综合〔2022〕42号）

①推进水环境治理协同控制。大力推进污水资源化利用。提高工业用水效率，推进产业园区用水系统集成优化，实现串联用水、分质用水、一水多用、梯级利用和再生利用。

②开展产业园区减污降碳协同创新。鼓励各类产业园区根据自身主导产业和污染物、碳排放水平，积极探索推进减污降碳协同增效，优化园区空间布局，大力推广使用新能源，促进园区能源系统优化和梯级利用、水资源集约节约高效循环利用、废物综合利用，升级改造污水处理设施和垃圾焚烧设施，提升基础设施绿色低碳发展水平。

③加强减污降碳协同管理。开展重点城市、产业园区、重点企业减污降碳协同度评价研究，

引导各地区优化协同管理机制。

（四）发展改革委政策

1. 2021年3月18日《关于"十四五"大宗固体废弃物综合利用的指导意见》（发改环资〔2021〕381号）

①推动大宗固废综合利用创新发展——创新大宗固废管理方式。充分利用大数据、互联网等现代化信息技术手段，推动大宗固废产生量大的行业、地区和产业园区建立"互联网+大宗固废"综合利用信息管理系统，提高大宗固废综合利用信息化管理水平。

②实施资源高效利用行动——综合利用基地建设行动。在粮棉主产区，以农业废弃物为重点，建设50个工农复合型循环经济示范园区，不断提升农林废弃物综合利用水平。

2. 2021年7月1日《国家发展改革委关于印发"十四五"循环经济发展规划的通知》（发改环资〔2021〕969号）

①强化重点行业清洁生产——探索开展区域、工业园区和行业清洁生产整体审核试点示范工作。

②推进园区循环化发展——推动企业循环式生产、产业循环式组合，促进废物综合利用、能量梯级利用、水资源循环使用，推进工业余压余热、废水废气废液的资源化利用，实现绿色低碳循环发展，积极推广集中供气供热。鼓励园区推进绿色工厂建设，实现厂房集约化、原料无害化、生产洁净化、废物资源化、能源低碳化、建材绿色化。制定园区循环化发展指南，推广钢铁、有色、冶金、石化、装备制造、轻工业等重点行业循环经济发展典型模式。鼓励创建国家生态工业示范园区。

3. 2022年1月30日《国家发展改革委 国家能源局关于完善能源绿色低碳转型体制机制和政策措施的意见》（发改能源〔2022〕206号）

完善工业领域绿色能源消费支持政策。鼓励建设绿色用能产业园区和企业，发展工业绿色微电网，支持在自有场所开发利用清洁低碳能源，建设分布式清洁能源和智慧能源系统，对余热余压余气等综合利用发电减免交叉补贴和系统备用费，完善支持自发自用分布式清洁能源发电的价格政策。在符合电力规划布局和电网安全运行条件的前提下，鼓励通过创新电力输送及运行方式实现可再生能源电力项目就近向产业园区或企业供电，鼓励产业园区或企业通过电力市场购买绿色电力。

三、地方出台的有关政策

（一）浙江省政策

1. 2020 年 9 月 18 日《省发展改革委　省经信厅　省生态环境厅　省应急管理厅关于印发加快推进浙江省长江经济带化工产业污染防治与绿色发展工作方案的通知》（浙发改长三角〔2020〕315 号）

推进化工园区绿色发展。化工园区（化工集聚区）应制订入园项目评估制度，着力打造世界一流的炼化一体化生产基地、国内领先的高分子新材料和高端专用化学品生产基地，加快推进保留区内化工园区循环化改造。

2. 2021 年 6 月 10 日《浙江省人民政府关于加快促进高新技术产业开发区（园区）高质量发展的实施意见》（浙政发〔2021〕16 号）

聚焦体制创新，提升要素配置效能。高新区始终坚持科技创新和体制机制创新双轮驱动，以数字化改革为牵引，加大科技、财政、土地、金融、生态环境等资源要素供给，持续创新管理体制机制和要素配置机制。

3. 2022 年 3 月 22 日《关于加快推进绿色低碳工业园区建设工作的通知》（浙经信绿色〔2022〕64 号）

①促进能源高效清洁利用，推进资源节约集约循环利用。组织开展工业企业节能诊断服务，推进节能降碳技术改造，推进能源梯级利用和余热余压回收利用。推进水资源循环利用，提高工业用水重复利用和中水回用，提高水资源产出率。

②推动产业结构优化升级。推进高碳产业绿色低碳转型，重点发展高新技术产业、节能环保和新能源等绿色产业，鼓励发展现代服务业，推动园区产业结构绿色化低碳化。

③打造绿色低碳生态环境。全面推行工业固体废弃物无害化处理，推动开展减污降碳协同增效试点。园区重点企业全面推行清洁生产，加强园区空气、土壤和地下水环境质量监测，提高绿化覆盖率。

（二）江苏省政策

1. 2020 年 3 月 27 日《江苏省人民政府关于推进绿色产业发展的意见》（苏政发〔2020〕28 号）

①显著提升园区绿色产业发展水平。实施园区循环化改造提升工程，推动企业循环式生产、产业循环式组合，搭建资源共享、废物处理公共平台，提高能源资源综合利用效率。支持园区

探索开展环境管家、绿色联盟、产业共生、第三方环境服务等创新发展模式，推广绿色整体服务和全过程服务。鼓励采用云计算、大数据、物联网等现代信息技术，打造智慧化园区。

②推动传统产业绿色化转型升级。强化能耗、水耗、环保、安全和技术等标准约束，促进石化、建材、印染等重点行业清洁生产和园区化发展。推进化工企业全面开展清洁生产，规范化工园区发展，推动化工产业向集中化、大型化、特色化、基地化转变，支持符合条件的化工园区创建国家新型工业化示范基地。加快建设绿色制造体系，实施一批绿色制造示范项目，打造一批具有示范带动作用的绿色工厂和绿色供应链。

③培育壮大绿色新兴产业。实施产业基础再造工程和大国大匠培育工程，打好产业基础高级化和产业链现代化攻坚战，构建自主可控、安全高效的绿色产业链。实施绿色循环新兴产业培育工程，不断壮大节能环保、生物技术和新医药、新能源汽车、航空等绿色战略性新兴产业规模，加快培育形成新动能。

2. 2020年12月18日《江苏省人民政府关于促进全省高新技术产业开发区高质量发展的实施意见》（苏政发〔2020〕101号）

促进产城融合发展、绿色发展。鼓励各类社会主体在高新区投资建设信息化等基础设施，加强与市政建设接轨，完善科研、教育、医疗、生态、文化等公共服务设施，推进安全、绿色、智慧科技园区建设。健全园区环境监测监控及预警体系，推动园区生态环境信息平台等建设，支持高新区创建生态工业示范园区、循环化改造示范园区。

3. 2021年9月2日《江苏省人民政府办公厅关于印发江苏省"十四五"科技创新规划的通知》（苏政办发〔2021〕62号）

实施碳达峰碳中和科技支撑行动。支持高新区推动新兴产业高起点绿色发展，加快传统制造业绿色技术升级，建立高标准的资源节约和环境准入门槛，严格控制高污染、高耗能、高排放企业入驻园区，积极创建生态工业示范园区、循环化改造示范园区、绿色产业示范基地。

4. 2022年1月24日《江苏省人民政府关于加快建立健全绿色低碳循环发展经济体系的实施意见》（苏政发〔2022〕8号）

健全绿色低碳循环发展的生产体系。推进工业绿色升级，培育壮大绿色低碳产业，提升产业园区和产业集群循环化水平。加快实施重点行业绿色化改造，大力培育绿色低碳产业，积极发展新一代战略性新兴产业，增强绿色经济新动能，打造自主可控、安全高效的绿色产业链供应链。科学编制实施产业园区开发建设规划，加强环评和能评工作，严格准入标准，完善循环产业链条。

（三）上海市政策

1. 2021 年 7 月 23 日《上海市人民政府关于促进本市高新技术产业开发区高质量发展的实施意见》（沪府规〔2021〕9 号）

推进园区数字化、绿色低碳转型。推进数字技术赋能园区建设，通过场景再造、业务再造、管理再造、服务再造，建设智慧园区。支持园区在基础设施、运营管理、产业服务等方面加强数字资源整合，提升数字化水平。推进园区基础设施绿色升级，开展绿色低碳创新技术示范应用，提高园区生态环境建设水平，支持园区创建国家生态工业示范园区。

2. 2021 年 9 月 29 日《上海市人民政府关于印发〈上海市关于加快建立健全绿色低碳循环发展经济体系的实施方案〉的通知》（沪府发〔2021〕23 号）

健全绿色低碳循环发展的生产体系。推进工业绿色升级，推进产业园区循环化改造，构建绿色供应链。持续推动产业用地向工业园区集中布局和集约高效利用，加快推进产业园区和产业集群集约化改造，推动设施共建共享、能源梯级利用、污水处理和循环再利用。推动产业园区配套建设固体废弃物中转、贮存和预处理设施。

3. 2021 年 12 月 31 日《上海市生态环境局 上海市经济和信息化委员会关于加强产业园区生态环境管理促进产业园区高质量发展的通知》（沪环综〔2021〕269 号）

①实施园区低碳和循环化改造。鼓励园区建立温室气体排放清单，制定园区低碳发展行动计划。积极创建低碳（零碳）示范园，培育低碳新业态，有序推动园区实现双碳目标，有条件的开展近零示范。推进园区循环化改造行动，构建园区内外循环产业链，提高园区资源产出率和综合竞争力，推进废物源头减量和循环利用，优化水资源梯级利用、中水回用和污水再生利用。

②推进园区企业清洁生产。园区应督促企业主动开展清洁生产审核与方案实施，推动有毒有害化学物质的绿色替代和减排，实现污染源头减量和降碳增效。鼓励园区牵头组织和协调清洁生产相关培训，为企业提供政策咨询服务，创造条件推荐和普及清洁生产工艺和技术。

③开展机制创新和示范。鼓励产业园区管理机构组织开展环保领跑者、绿色制造体系、绿色供应链、绿色金融、合同能源管理等机制创新，提升绿色发展水平。鼓励园区按照生态工业示范园区、绿色园区、产业园区现代环境治理体系试点示范、第三方环保服务试点示范等相关要求，推动经济发展与生态环境保护深度融合。

4. 2022年12月8日《上海市经济信息化委　市发展改革委　市科委　市生态环境局关于印发〈上海市工业领域碳达峰实施方案〉的通知》（沪经信节〔2022〕919号）

推动重点行业降碳。推进钢铁行业、石化化工行业碳达峰，推进重点领域节能降碳。推动化工园区能源梯级利用、物料循环利用，推进重点企业节能升级改造。在上海化工区推进二氧化碳资源化利用、碳中和关键新材料等产业为主的"园中园"建设。

5. 2023年2月2日《上海市人民政府办公厅关于印发〈上海市"无废城市"建设工作方案〉的通知》（沪府办发〔2023〕2号）

强化工业固废源头减量和高效利用。持续推进产业转型升级，动态调整淘汰落后产能。深化产业园区循环化补链改造。建立在产业发展规划或项目准入落地园区时的配套固废利用处置设施或路径。提高一般工业固废综合利用能级。推动冶炼废渣、脱硫石膏、焚烧灰渣等大宗工业固废的高水平全量利用。

（四）天津市政策

1. 2022年3月25日《天津市人民政府关于印发天津市加快建立健全绿色低碳循环发展经济体系实施方案的通知》（津政发〔2022〕7号）

构建绿色低碳循环发展的生产体系。加快工业绿色转型升级。推行产品绿色设计，培育一批绿色制造单位，构建绿色制造体系。培育壮大绿色环保产业。开展绿色产业示范基地创建，鼓励天津经济技术开发区等开发区、产业园区明确主导产业，引导绿色产业集聚发展。提升产业园区（集群）循环化水平。制定实施天津市工业布局规划，优化工业空间布局，引导产业协同联动、集聚发展。

2. 2023年4月11日《天津市人民政府办公厅关于印发天津市推动制造业高质量发展若干政策措施的通知》（津政办规〔2023〕4号）

①支持绿色制造体系建设。对工业节能与绿色发展标杆单位，给予最高60万元奖励。对获得国家高质量发展专项支持的绿色制造项目，按照国家给予总奖金额的20%，给予最高500万元奖励。

②保障绿色低碳企业生产。对国家级和市级绿色制造单位、能效之星、能效（水效）"领跑者"、绿色设计示范企业、绿色数据中心、绿色制造系统解决方案供应商，以及战略性新兴产业企业，符合重污染天气重点行业绩效分级相关要求的，纳入重污染天气保障类企业清单，在重污染天气应急期间可采取自主减排措施。

（五）河北省政策

1. 2020年9月30日《河北省人民政府关于促进高新技术产业开发区高质量发展的实施意见》（冀政字〔2020〕52号）

建设绿色智慧园区。支持高新区创建国家生态工业示范园区，严格控制高污染、高耗能、高排放企业入驻。加大高新区绿色发展的指标权重。积极推广绿色低碳的生产生活方式，加强绿色市政基础设施建设。推进产城融合发展，支持高新区完善科研、教育、医疗、文化等公共服务设施，营造产业生态、人文生态、环境生态"三态合一"的人才优质生活圈。

2. 2021年8月25日《河北省发展和改革委员会关于印发〈河北省"十四五"循环经济发展规划〉的通知》（冀发改环资〔2021〕1160号）

推动园区循环化发展。优化园区空间格局，大力推动产业园区循环式发展，完善园区产业共生体系。加快建立园区用能管理平台和统计监测体系，优化用能结构，加大节能改造力度，推动园区低碳发展。建立园区物质流管理服务平台，深化副产物交换利用、余热余压梯级利用和水资源循环利用，推广合同能源管理、合同节水管理，全面提高园区资源产出率。深入开展园区污染物第三方治理，建立市场化运营、按效付费新机制，推动园区绿色发展，鼓励争创国家生态工业示范园区。到2025年，创建绿色园区20家。

（六）山东省政策

2022年3月9日《山东省发展和改革委员会关于印发山东省"十四五"绿色低碳循环发展规划的通知》

①大力发展绿色产业。聚焦高效节能、先进环保、资源循环利用、绿色交通车船和设备制造四大领域，打造一批专业特色鲜明、综合竞争力强、产业链完善的节能环保产业重点园区，支持符合条件的园区创建国家绿色产业示范基地。推动环境污染第三方治理向工业园区领域拓展，推行环境综合治理托管、环保管家等环境治理模式，开展生态环境导向的开发（EOD）模式试点，构建智慧环保体系。

②加快推进产业园区绿色化改造。提高既有园区绿色化水平。推进既有产业园区循环化改造，促进废物综合利用、能量梯级利用、水资源循环使用，推进工业余压余热、废水废气废液的资源化利用，积极推广集中供气供热，推进园区内基础设施共建共享，实现绿色低碳循环发展。制定园区循环化发展指南。到2025年年底前，全部完成省级园区循环化改造，生态工业园区比

例力争达到工业园区的 50% 以上。

打造绿色循环低碳的新建园区。科学编制新建产业园区开发建设规划，全面提高新建园区绿色化水平。鼓励园区建设绿色工厂。支持济南新旧动能转换起步区新建绿色低碳园区，大力发展节能环保产业，推进清洁生产，打造黄河流域绿色低碳园区示范。

③深化生态环境治理，切实提高环境质量。加快推进黄河干流及主要支流岸线 1 公里范围内的高耗水、高污染企业搬迁入园。推进化工园区雨污分流改造和初期雨水收集处理。选择具有典型代表性的区域和园区开展碳达峰试点。

（七）河南省政策

1. 2021 年 5 月《河南省人民政府关于加快改革创新促进高新技术产业开发区高质量发展的实施意见》

①提升高新区发展水平。坚持生态、生产、生活融合，完善科研、医疗、教育、文化、金融等公共服务配套，实现产城融合，将高新区打造成为宜创宜居宜业的新城区。建设绿色、低碳、循环科技园区，严格控制高污染、高耗能、高排放企业入驻，培育形成优势互补、集聚集约、低碳循环、具有国际竞争力的发展新格局。支持符合条件的高新区创建国家级生态工业园区。

②提升区域协同创新发展能力。建设区域科技创新中心，服务中原城市群建设、黄河流域生态保护和高质量发展等国家战略实施。推进郑洛新国家自主创新示范区、国家高新区、省级高新区加强合作交流、产业共建，通过探索异地孵化、伙伴园区等合作模式，实现创新要素跨区域配置，推动区域经济与科技创新一体化发展。

③优化土地资源配置。推行工业用地"标准地"出让，强化高新区建设用地开发利用强度、亩均税收、投资强度、建成率和人均用地指标整体控制，提高平均容积率。

2. 2023 年 1 月 31 日《河南省人民政府办公厅关于印发河南省制造业绿色低碳高质量发展三年行动计划（2023—2025 年）的通知》（豫政办〔2023〕6 号）

鼓励园区科学编制绿色发展规划，以产业布局集聚化、产业结构绿色化、产业链生态化为目标，支持园区内企业实施节能、节水、节材、降碳及资源综合利用等绿色化改造，推动企业和园区向产业结构高端化、能源消费低碳化、资源利用循环化、生产过程清洁化、产品供给绿色化和生产方式数字化转型，形成一批绿色低碳产业集群。到 2025 年，培育 30 个绿色工业园区。

（八）四川省政策

1. 2020年6月23日《四川省人民政府关于推进四川省国家级经济技术开发区创新提升打造改革开放新高地的实施意见》（川府发〔2020〕8号）

加快绿色园区建设。鼓励规划建设绿色工厂和绿色供应链，支持创建国家生态工业示范园区、循环经济改造示范试点园区和国家级绿色园区。发挥政府投资基金作用，支持经开区加大循环化改造力度，鼓励企业实施环境优化、系统节能、危险废物自行处置利用和绿色技术改造等项目。鼓励各类资本参与园区环境卫生、危险废物集中收集贮存或综合处置基础设施建设。

2. 2021年11月4日《四川省人民政府关于促进高新技术产业开发(园)区高质量发展的实施意见》（川府发〔2021〕28号）

①优化高新区建设布局。完善高新区规划。依据国土空间总体规划、"三线一单"生态环境分区管控，统筹城市产业功能区建设。推动国家高新区提质增效。推动省级高新区升级发展。依托现有开发区和产业园区，支持自主创新能力强、高技术产业聚集优势明显的园区建设省级高新区。

②建设安全绿色生态园区。按照碳达峰、碳中和要求，加快高新区绿色低碳循环经济体系建设，支持高新区企业参与碳排放权交易和用能权交易。支持国家高新区创建国家生态工业示范园区，严格控制高耗能、高排放企业入驻。

（九）云南省政策

1. 2022年6月2日《云南省人民政府办公厅关于印发高新技术产业开发区高质量发展18条措施和高新技术企业加快发展9条措施的通知》（云政办发〔2022〕45号）

推动绿色低碳发展。支持高新区绿色低碳发展，对成功创建为国家生态工业示范园区、循环化改造示范试点园区、绿色低碳示范园区、低碳工业园区、绿色工业园区的高新区，以及获批国家级绿色工厂、绿色技术工程研究中心、绿色企业技术中心、绿色技术创新中心的企业，省级有关专项资金给予重点支持。

2. 2022年8月30日《云南省人民政府办公厅关于印发云南省"十四五"产业园区发展规划的通知》（云政办发〔2022〕76号）

加快园区绿色发展。推动传统产业绿色化改造，运用先进适用技术和新一代信息技术，推动行业技术升级、设备更新和绿色低碳改造。促进园区资源综合利用，加快编制园区循环化改造方案，加强园区水资源循环利用和工业废水处理回用，实施水资源梯级优化利用和废水集中处理回用，推动工业企业节水减排。优化能源供应结构，推广清洁能源应用，调整能源消费结构，提高能源使用效率。提高土地节约集约利用水平，加快土地资源观念转变、土地利用方式转变和土地管理方式转变。建设绿色低碳园区，支持园区围绕产业绿色发展、生态环境治理等领域，培育一批绿色技术创新龙头企业。强化园区环境污染防治，完善园区污水集中处理配套设施，加大管网建设力度，提高污水收集和处理能力。

（十）广西壮族自治区政策

2021年8月4日《广西壮族自治区人民政府办公厅印发关于促进广西高新技术产业开发区高质量发展若干措施的通知》（桂政办发〔2021〕81号）

实施高新区绿色发展专项，组织国家高新区开展绿色发展"十百千"示范工程，创建"国家高新区绿色发展示范园区"。开展高新区区域生态环境空间评价，加强园区集中污染治理设施建设，培育一批绿色技术和节能减排技术领先企业。支持国家高新区创建国家生态工业示范园区、国家生态文明建设示范区，促进产业绿色转型升级。鼓励自治区级高新区循环化改造，推进安全、绿色、智慧园区建设，创建绿色生态园区。

（十一）陕西省政策

2021年9月17日《陕西省人民政府关于印发加快建立健全绿色低碳循环发展经济体系若干措施的通知》（陕政发〔2021〕15号）

健全绿色低碳循环发展的生产体系。加快工业绿色转型，大力开展工业领域节能、节水、资源综合利用和清洁生产技术改造。推行产品绿色设计，支持企业创建国家工业产品绿色设计示范企业，鼓励园区和企业实施绿色制造和安全生产改造。提升开发区和产业集群绿色集约发展水平。科学编制新建产业园区开发建设规划，明确能耗、水耗、物耗、环保、产业循环链条等准入标准。

（十二）黑龙江省政策

2021年12月29日《黑龙江省工业和信息化厅关于印发黑龙江省"十四五"工业节能与绿色发展规划的通知》（黑工信节规〔2021〕10号）

①促进工业能耗低碳化。推动煤炭等化石能源清洁高效利用与多元替代。进一步推动煤炭

消费总量控制，加强煤炭集中使用、清洁利用。开展工业绿色低碳微电网建设，推进多能高效互补利用。推动绿色低碳能源供给。围绕降低煤炭消耗总量，能源输出与就地消纳利用并重、集中式与分布式发展并举的原则，提高工业园区和绿色制造企业可再生能源和清洁能源使用比例。

②加快绿色制造体系建设，完善绿色制造评审认定体系和推进机制，规范绿色制造第三方评价活动。大力开发绿色设计产品。聚焦产品全生命周期，实现能源资源消耗最低化、生态环境影响最小化、可再生率最大化。推动构建绿色供应链。鼓励产业链核心企业构建数据支撑、网络共享、智能协作的绿色供应链管理体系，实现绿色化、数字化融合，提升供应链绿色协同水平。引导创建绿色园区。推动园区能源梯级利用、废物综合利用、水资源高效循环利用，构建低碳零碳导向的资源能源体系、循环经济产业链。

（十三）内蒙古自治区政策

1. 2021年9月17日《内蒙古自治区人民政府关于加快建立健全绿色低碳循环发展经济体系具体措施的通知》（内政发〔2021〕9号）

①科学编制产业园区开发建设规划，严格准入标准，完善循环产业链条，推动形成产业循环耦合。建设包头、乌兰察布大宗固体废弃物综合利用、废旧装备清洁回收处理、城镇废弃物回收处理及资源再生利用产业园区。

②持续推进开展园区循环化改造的内蒙古托—清经济开发区、鄂托克经济开发区等园区绿色高质量发展，提高经济环境效益，扩大示范效应。以国家园区循环化改造示范试点为引领，推动其他各类产业园区实施循环化改造。

③推动公共设施共建共享、能源梯级利用、资源循环利用和污染物集中安全处置等。健全危险废物收运体系，推进重点工业园区危险废物集中收集贮存、废铅蓄电池集中收集和跨区域转运、废矿物油收集网络等试点建设。

2. 2021年10月15日《内蒙古自治区人民政府关于促进高新技术产业开发区高质量发展的实施意见》（内政发〔2021〕13号）

深化高新区绿色生态园区建设。支持高新区创建国家生态工业示范园区，严格控制高污染、高耗能、高排放企业入驻。各有关盟行政公署、市人民政府在安排年度新增建设用地指标时适度向高新区倾斜，加强高新区基础设施建设、公共配套服务等用地保障。引导高新区强化建设用地开发利用强度、投资强度、人均用地指标整体控制，促进园区空间集聚、土地集约发展。符合条件的国家级高新区可以申请扩大区域范围和面积，优化土地资源配置。支持高新区按照职住平衡原则，建设产权型或租赁型人才公寓。积极推广绿色低碳生产生活方式，加强绿色市政基础设施建设。强化网络基础设施保障，支持"新基建"项目优先布局在高新区，率先实现 5G 网络全覆盖，建设智慧园区。推进产城融合发展，支持高新区完善科研、教育、医疗、文化等公共服务设施，营造产业生态、人文生态、环境生态优良的创新创业环境。

3. 2023 年 4 月 28 日内蒙古自治区地方标准《零碳产业园区建设规范》（DB 15/T 2948—2023）

2023 年 4 月 28 日，中国首个《零碳产业园区建设规范》地方标准正式实施。零碳园区（zero-carbon park）也称"碳中和"园区。是指在园区规划建设管理等方面系统性融入"碳中和"理念，综合利用节能、减排、固碳、碳汇、碳交易等多种手段，通过产业低碳化转型、设施集聚化共享、资源循环化利用，在园区内部基本实现碳排放总量与吸收自我平衡，生产、生态、生活深度融合的新型产业园区。

零碳产业园区主要系统构成包括但不限于：

①零碳能源系统：包括园区内电力、热力等能源基础设施；

②零碳交通物流系统：包括园区边界范围内的交通系统和物流系统；

③零碳建筑系统：包括园区内的全部工业建筑、公共建筑和居住建筑；

④零碳基础设施系统：包括环保设施、供排水设施、照明设施和新型基础设施；

⑤零碳生产系统：包括园区内的全部生产过程；

⑥生态系统：包括园区边界范围内的全部自然生态系统和人工生态系统。

四、各国家高新区出台的绿色发展相关政策

附表 1-1　各国家高新区绿色发展相关政策

园区名称	政策名称	主要内容
无锡高新区	《无锡高新区（新吴区）电力能源"碳达峰、碳中和"行动方案》	聚焦电力能源领域，围绕电力能源供应清洁化、电力能源消费电气化、电力能源配置智慧化、电力能源利用高效化、电力能源服务多元化等"五化"中心环节，提出五大行动计划： ①推动电网转型升级，优化能源配置消纳； ②推动社会用能提效，引领终端绿色消费； ③推动公司节能减排，助力电网低碳运营； ④推动服务多元提质，构建现代服务生态； ⑤推动交流合作实践，保障低碳持续转型

续表

园区名称	政策名称	主要内容
无锡高新区	《关于无锡高新区（新吴区）关于节能降碳绿色发展的政策意见》	①支持节能降耗项目：鼓励企业实施节能技术改造。鼓励企业开展合同能源管理项目。 ②支持循环经济：鼓励企业开展循环经济项目。单个项目扶持金额最高200万元。 ③支持绿色示范创建：对新认定为绿色工厂五星级、四星级的企业，一次性给予50万元、30万元的奖励；对获评工信部工业绿色设计示范企业的，一次性给予50万元的奖励。 ④支持新能源推广应用。 ⑤智能化能源管理平台和清洁生产项目：对企业新建智能化能源管控项目并接入省能耗在线监测平台，给予一次性10万元的奖励。对企业开展自愿性清洁生产并取得清洁生产审核证书的单位，给予一次性2万元的奖励
苏州高新区	《苏州高新区循环经济发展专项资金管理办法》	资金支持范围包括： ①循环经济类项目； ②清洁生产类项目； ③循环经济发展领域的能力建设项目； ④其他上级环保部门要求资金配套的项目，按相关文件要求予以配套； ⑤其他项目。对于在高新区注册的社会组织，在生态环境局指导下开展的环保公益活动，适当给予费用补贴
	《苏州高新区工业高质量发展扶持政策》	鼓励企业进行节能改造。对工业企业降低单位产值能耗和单位产品能耗，提高能源利用效率的炉窑改造、余热余压利用、空调、制冷、照明等系统节能改造，能源管理中心建设，能量系统优化、合同能源管理等节能量在100吨标煤以上的节能改造项目，按照项目节能量每吨标煤400元给予奖励，单项补助资金不超过100万元。对在工业小区、工业企业内建设且并网投运的分布式光伏项目，自项目投运后按发电量补贴3年，每千瓦时补贴项目实施单位不超过0.1元。购买注册在区内企业的软、硬件设备或技术服务且金额占项目投资额比例超过70%的分布式光伏项目，按每千瓦时0.1元给予补贴，其他项目按每千瓦时0.05元给予补贴。 鼓励企业进行绿色制造。评定为国家、省级绿色工厂或绿色供应链，分别给予一次性奖励30万元、15万元；评定为国家、省级绿色产品或绿色生态设计，分别给予一次性奖励10万元、5万元。通过能源管理体系认证或评价的，给予一次性奖励5万元。 鼓励企业提高"亩均产出"。坚持"亩均论英雄"，对当年工业企业资源集约利用综合评价亩均税收进入全市前100强的企业奖励10万元，进入全市前20强的企业奖励20万元，进入全市前10强的企业奖励30万元，进入全市前3强的企业奖励50万元，夺得全市第一的企业奖励100万元

续表

园区名称	政策名称	主要内容
南京高新区	《关于支持南京高新区绿色发展的实施细则》	培育绿色产业和企业，鼓励各高新园区围绕打造节能环保、新能源汽车、智能电网三大绿色产业，布局一批绿色技术新业态、建设一批高能级绿色创新平台和新型研发机构、引进一批绿色产业项目、培育一批绿色技术创新企业、推广一批绿色技术（产品），打造绿色主导产业。 鼓励企业和新研机构开展绿色技术（产品）研发或绿色先进技术循环化改造。打造绿色发展示范园区，推动园区绿色、低碳、循环、智慧化改造，加强生产制造过程精细化管控，支持各高新园区优化产业结构，建设绿色工厂、绿色园区和绿色供应链，开展绿色金融服务
常州高新区	《关于加快企业转型升级促进实体经济高质量发展的若干政策意见（修订）》	该意见重点针对以下7种情形进行奖励措施：做强做大、加大投入、智能制造、绿色制造、工业互联网、专精特新、军民融合
苏州工业园区	《苏州工业园区生态环境保护引导专项资金管理办法》	具体支持项目如下： ①减污降碳工程类：鼓励企业实施技术和工艺符合环境保护要求的污染防治、污染物减排和污染治理设施升级改造，清洁生产技术、工艺应用，资源综合利用，固废减量，温室气体排放控制，环境风险防范等工程类项目。 ②企业环境管理能力提升类：鼓励企业安装污染物在线监测、视频监控、用电监控等远程监控设备，并与生态环境局联网。 ③绿色金融类：鼓励企业开展绿色信贷，投保环境污染责任保险。 ④其他类 鼓励企业开展提升环境管理水平、减少污染物排放的清洁生产审核，碳排放管理、认证，雨污管网排查评估、重点环保设施安全风险评估，生态环境类培训等项目。 鼓励企事业单位、社会组织在生态文明建设、环境管理、污染防治技术等方面探索创新，获得省级以上表彰或者认定的，给予奖励。 ⑤其他上级生态环境部门要求资金配套的项目，按照相关文件要求予以配套
	《苏州工业园区绿色发展专项引导资金管理办法》	引导资金使用范围包括： ①对绿色发展能力建设项目（包括能源审计、能源管理体系认证、自愿开展的清洁生产审核和其他上级要求开展的、有助于项目单位挖掘绿色制造潜力、使用清洁能源及可再生能源、实现多能互补、提升能效水平的第三方辅导咨询服务）以及对经国家、江苏省认定的绿色制造体系企业进行奖补； ②重点用能单位绿色发展目标责任考核奖励； ③绿色发展重点扶持项目，包括：节能改造项目、循环经济项目、能源互联网项目及其他支撑园区绿色发展的重点项目； ④补充"绿色智造贷"（原低碳节能服务贷）资金池，扩大"绿色智造贷"支持项目覆盖面，重点对绿色制造、智能制造等技术改造项目给予贴息等支持，具体操作细则另行制定； ⑤其他经管委会批准与绿色发展相关的支出

续表

园区名称	政策名称	主要内容
广州高新区	《广州市黄埔区 广州开发区 广州高新区促进绿色低碳发展办法》	目前全国综合力度最大、支持范围最广的碳达峰、碳中和区县级专项支撑政策。从支持循环经济、节能降碳、绿色品牌建设等6个维度构建系统的政策扶持体系，最高补贴1000万元
肇庆高新区	《肇庆高新区节能与循环经济专项资金管理办法（试行）》	专项资金支持范围包括： ①首次通过市清洁生产审核评估验收的企业。 ②列入省级及以上部门公布的节能技术、设备（产品）推荐目录的企业。 ③获评国家绿色制造体系建设示范的绿色工厂、绿色设计产品、绿色供应链管理示范项目。 ④获得省级及以上部门认定的重点行业能效/水效"领跑者"企业。 ⑤获省级及以上部门扶持资金的循环经济、资源综合利用、清洁生产、清洁化改造及节能、节水等资源节约项目。 ⑥采用合同能源管理等节能市场化机制，并产生较大节能效益的用能单位。 ⑦获市级及以上的节水型企业，获省级及以上的节水标杆企业。 ⑧获评省绿色建筑二星级以上运行标识的建设单位。 ⑨已按照国家和省的有关规定完成既有民用建筑的绿色化改造的建设单位。 ⑩适当奖励区节能先进单位和先进个人。遵循以精神奖励为主、物质奖励为辅和节俭节约的原则，给予相关单位和个人给予一定的奖励
合肥高新区	《合肥高新区支持绿色低碳发展的若干政策》	政策支持事项主要包括10个方面，如鼓励生产企业开展重点污染源改造和污染防治新技术、新工艺推广应用，安装污染源及能耗在线监控设施；支持企业开展清洁生产；鼓励企业购买"环保管家"综合技术服务；支持第三方对重点工业企业提供技术及绿色技术改造路径方案等
合肥高新区	《合肥高新区工业企业碳积分试点实施方案》	通过选取重点行业重点企业作为试点企业，建立基础数据库，根据国家、省、市及行业有关碳排放核算标准，结合不同产业的碳排放强度标准及园区企业的实际情况，核算碳积分，建立起碳积分评价体系，建设碳积分管理平台。并依托平台，建立企业碳信用管理体系，逐步构建工业企业碳管理一体化体系
保定高新区	《保定国家高新技术产业开发区国民经济和社会发展第十四个五年规划和二〇三五年远景目标纲要》	①全面提升新能源与智能电网装备产业。全面重塑"中国电谷"新名片，实施强链补链，进一步完善光电、风电、节电、储能、智能输变电和电力自动化六大产业，形成集研发、生产、服务于一体的具有国际影响力的新能源与智能电网装备产业基地。 ②以数字化提升改造传统产业。实施"互联网+"行动，推动传统制造业升级，加快生产方式向数字化、网络化、智能化、柔性化转变。推动制造业运用现代设计理念和先进设计手段，加快向价值链高端转型，提高产品附加值率。用清洁生产技术改造能耗高、污染重的传统产业，大力发展节能、降耗、减污的高新技术产业

续表

园区名称	政策名称	主要内容
本溪高新区	《关于大力支持生态建设巩固提升绿色发展优势的实施意见》	重点任务：把生态建设和绿色发展摆在更加重要位置，持续巩固和提升绿色发展优势，坚决打好污染防治攻坚战，通过大力实施"蓝天、碧水、净土、青山、农村环保"五大工程，开展生态文明示范创建和完善制度体系建设，全面推动绿色工业、生态旅游等产业快速发展，实现高新区高质量、可持续发展
大庆高新区	《关于大庆高新区推进高质量发展若干政策措施》	支持制造业绿色发展。 ①年能耗 5000 吨标准煤及以上的工业企业，经节能降碳绿色化改造，实现年节能 1000 吨标准煤以上或减少碳排放 2500 吨以上或单位产品能耗达到国家标杆水平，给予 20 万元奖励。 ②被评为国家级绿色工厂或绿色供应链管理的制造业企业，一次性给予 20 万元奖励。被评为省级绿色工厂或绿色供应链管理的制造业企业，一次性给予 10 万元奖励。已享受省级奖励的，再通过国家级认证时，按国家级认证奖励标准补足奖励差额
杭州高新区	《杭州高新开发区（滨江）生态环境保护"十四五"规划》	锚定 2035 年远景目标，"十四五"期间分两步，到 2022 年，短板攻坚、重点解决突出的生态环境问题。到 2025 年，生态环境质量持续好转，主要污染物排放总量明显减少，生态系统稳定性显著增强，人居环境进一步改善，污染防治水平进一步提升，环境管理体系、环境监管机制和行政执法体制等生态环保制度法规体系进一步完善，生态环境治理体系和治理能力现代化得到进一步提升
	《关于促进领军企业跨越发展的实施意见》	鼓励企业跨越发展。领军企业：政策期内给予企业专项资助。领军培育企业：对企业认定年度给予专项资助。领军企业及领军培育企业资助用于支持企业研发投入、扩大投资、市场开拓、绿色发展等，具体可按以下方式予以兑付： 支持企业研发投入。对企业加大技术研发能力所发生研究开发费用，可按实际研发投入最高 30% 予以资助。 支持企业产业投资。对企业实施的产业化、信息化、技术改造、推广应用示范等项目，可按其投资额给予最高 20% 的资助。 支持企业绿色发展。对企业节能减排等绿色发展方面的投入，可按其当年实际发生额给予最高 50% 的资助
济南高新区	《济南高新区国民经济和社会发展第十四个五年规划和二〇三五年远景目标纲要》	①打造优势突出的现代产业新体系。 以自动化、集成化、信息化、绿色化为发展方向，坚持做大做强新能源车辆、激光装备、新能源装备、智能制造与机器人等优势产业领域。 ②构筑高水平对外开放新高地。 提升符合国际宜居标准的城市人居环境。加强城市国际化基础设施建设，完善国际化公共服务体系。按照国际一流的绿色宜居城市标准，优化山水林田湖草规划布局，加强城市设计，提升城市景观特色风貌，建设生态优美、宜创宜业宜居的高品质城市空间，建成集国际消费、国际教育、国际医疗等为一体的国际化高科技园区。

附录1
2020年以来国家绿色发展政策摘录

续表

园区名称	政策名称	主要内容
济南高新区	《济南高新区国民经济和社会发展第十四个五年规划和二〇三五年远景目标纲要》	③开创社会事业全面发展新局面。推行绿色环保清运模式，增设人工景观带，营造城市风景线。制定破损山体治理计划，做好山体绿化提升和治理养护工作，加大林业资源保护力度。实施楼宇智能化和节能环保改造，引导和支持老旧楼宇整体更新和提档升级
青岛高新区	《青岛高新区关于聚焦创新引领加快企业雁阵培育推动高质量发展的试行意见》	支持头雁企业产品应用推广。鼓励头雁企业创建场景应用实验室，聚焦场景试验环节，重点围绕新兴未来产业和智慧生活、智能生产、城市治理、绿色生态等领域，开展新技术、新模式、新业态融合创新的场景实测
济宁高新区	《关于鼓励支持工业企业开展技术改造行动的实施意见》	支持提高装备水平。鼓励企业加快淘汰落后工艺技术和设备，推广应用自动化、数字化、网络化、智能化等先进制造系统、智能制造设备及大型成套技术装备。 促进绿色低碳发展。鼓励企业实施资源能源节约、综合利用、清洁生产、环境保护等技术改造；支持高效节能、节水、环保技术和产品装备产业化。 支持属于新技术、新产业、新业态、新模式"四新"和产业智慧化、智慧产业化、跨界融合化、品牌高端化"四化"范畴的技术改造项目
南昌高新区	《南昌高新区促进产业高质量发展若干政策》	坚决贯彻落实新发展理念，加快新型工业化建设步伐，深入开展产业高质量发展十大提升行动，切实降低企业成本，优化企业发展环境，促进园区持续健康发展，全面推进实体经济高质量发展，将南昌高新区建设成为全省战略性新兴产业的龙头带动区、科技创新的示范引领区、绿色崛起的样板先行区和全国一流的生态科技新城
	《南昌高新区促进绿色发展若干政策措施》	重点针对以下7种情况进行资金奖励： ①鼓励企业实施节能技术改造； ②鼓励企业开展清洁生产工作； ③支持开展合同能源管理； ④支持推广利用可再生能源； ⑤鼓励企业实行一般工业固体废弃物综合利用； ⑥鼓励企业开展绿色建筑评价工作； ⑦鼓励企业开展生态文明示范试点申报工作
益阳高新区	《关于创建"五好"园区推动园区高质量发展的实施方案》	推进园区和产业循环化改造，推动公共设施共建共享、能源梯级利用、资源循环利用和污染物集中安全处置。加大充电桩、光伏发电项目建设力度，推广使用清洁能源、低碳能源，鼓励企业发展低碳经济。 开展绿色发展示范园区创建。推进装备制造、电子信息、新能源、新材料等行业和领域进行绿色化改造，支持企业创建绿色工厂、发展绿色供应链，打造一批省级、国家级绿色工厂。 争创国家生态工业示范园区。引进环境污染第三方治理机构，借助"环保管家"监管生态环境，提供环保问题整改方案，持续打好污染防治攻坚战。 推进园区环保信用综合评价。结合园区环境准入管理、环境基础设施、环境监测监管能力、环境风险防控、环境综合治理等5个方面开展环保信用综合评价

续表

园区名称	政策名称	主要内容
重庆高新区	《重庆高新区构建现代环境治理体系实施方案》	目标：全力推进高新区环境治理体系和治理能力现代化建设。 主要内容：总体要求、领导责任体系、企业责任体系、全民行动体系、监管体系、市场体系、信用体系、法规规章政策体系和保障措施9个方面内容
重庆高新区	《重庆高新区生态环境保护"十四五"规划和二〇三五年远景目标》	到2025年，产业结构调整深入推进，生产生活方式绿色转型成效显著，环境质量持续改善，主要污染物排放总量持续减少，环境风险得到有效管控，生态系统质量和稳定性进一步提升，城乡人居环境明显改善，生态环境治理体系和治理能力现代化水平明显提升，人与自然和谐共生的高品质生活宜居区建设取得重大进展。 到2035年，广泛形成绿色生产生活方式，碳排放达峰后稳中有降，生态环境根本好转，全面建成人与自然和谐共生的高品质生活宜居区
自贡高新区	《关于促进传统产业转型升级的若干政策》	支持企业技术改造。鼓励园区传统产业企业通过改进工艺、改进生产线等技术改造手段推动企业转型升级。对在发改、经信备案，投资总金额在200万元以上的技术改造项目按总投资的20%予以补助，最高不超过200万元。 大力推进清洁安全生产。支持园区传统产业企业自愿实施清洁安全生产提升改造，降低污染物排放，增加安全生产设施设备，成功运行且经环保安全主管部门审核有效后，按企业在清洁安全生产上总投入的10%给予奖励，最高不超过30万元。 推动两化深度融合。支持物联网技术和人工智能在生产制造业中的应用，对当年实施产品全生命周期管理、企业资源计划管理（ERP）、生产过程自动化、数字化制造流程管理、集散控制系统的企业，且总投资在80万元以上的，给予总投资10%的资金补助，最高不超过50万元。鼓励企业建立两化融合贯标体系，对当年获得国家、省两化（深度）融合示范企业，分别给予30万元、10万元奖励；对当年获得国家、省两化（深度）融合贯标试点企业，分别给予10万元、5万元奖励。鼓励园区传统产业企业运用大数据、云平台等新动能推动企业转型升级发展，支持企业积极"上云"，对当年获得省级上云"示范""试点"的企业，分别给予5万元、2万元的奖励
绵阳高新区	《绵阳科技城直管区（高新区）"无废城市"建设工作实施方案》	总体目标：以达到国家级"无废城市"建设标准为目标，深入践行"两山"理念，持续推进科技城全域"无废城市"建设。到2025年底，科技城全域达到市级"无废城市"建设标准，危险废物收贮运体系日趋完善，危险废物无害化处置率稳步提升，实现固体废物产生强度逐步下降、大宗工业固体废物贮存处置总量稳步降低、主要农业废弃物全量利用、生活垃圾减量化资源化水平大幅提升、绿色建筑形成规模、装配式建筑占比显著提升、危险废物全面安全管控，基本实现固体废物管理信息"一张网"，"无废"理念得到普遍认同，为实现国家"无废城市"建设奠定坚实基础
成都高新区	《关于促进高新区建筑业高质量发展的实施意见》	对绿色生态城区所有新出让土地项目均要求按不低于绿色建筑三星级标准进行设计建设

续表

园区名称	政策名称	主要内容
长治高新区	《长治高新区关于开展绿色建筑专项行动的通知》	八大重点任务： ①提升建筑能效。 ②降低建筑运行能耗。加强公共建筑能耗动态监测平台建设管理，探索应用5G技术构建能源综合管理数字化平台。 ③推广绿色建筑。新建建筑继续全面执行绿色建筑标准。 ④提高装配式建筑水平。鼓励大型公共建筑采用钢结构，开展钢结构装配式住宅试点。 ⑤推行绿色建造。将绿色发展理念贯穿建设全过程。 ⑥推行智慧建造。推广BIM技术在建筑全生命周期的集成应用，探索可视化设计与交付。 ⑦开展绿色建筑创新示范。 ⑧培育科技领军型企业。推动建筑业由传统粗放向绿色高质量转型发展
西安高新区	《关于建设"四个高新"推动高质量发展迈出更大步伐的实施意见》	"四个高新"：实力高新、科创高新、品质高新、幸福高新。 品质高新目标：打造西部地区宜居宜业新典范。 坚持以规划引领、建设支撑、管理赋能，打造生产空间更加集约高效、生活空间更加宜居舒适、生态空间更加绿色智慧的"品质高新"。到2023年，成为西安国际化大都市的展示窗口、西部地区宜居宜业的新典范。 品质高新路径：统筹推进"三生融合、三城共进、三高并举"。 推进国土空间规划、产业发展规划、生态保护规划等"多规合一"，实现"一张蓝图"绘就生产、生活、生态"三生融合"，打造生产圈、生活圈、生态圈"多圈合一"的城市形态
楚雄高新区	《楚雄高新区支持企业提质增效转型升级发展的实施意见（试行）》	鼓励和支持企业节能减排，发展循环经济。 ①能源审计。凡企业开展能源审计且通过能源管理体系认证的，给予一次性奖励2万元。 ②绿色制造。凡企业在当年被评为国家、省绿色工厂，分别给予一次性奖励5万元、2万元；绿色设计产品，每个产品给予一次性奖励1万元，最高不超过5万元。 ③节能降耗。通过能源审计且具有完善的能源计量、统计和管理措施的工业企业，年环比节能量按50元/吨标准煤给予一次性奖励，最高不超过50万元。计算方法为等价法，节能量以节能机构审核后认定的数据为准。 ④循环经济。凡企业当年被评为国家循环经济标准化试点的，给予一次性奖励10万元。 ⑤清洁生产。凡企业当年开展清洁生产审核，并通过环保、节能部门审核验收的，给予一次性奖励2万元。 ⑥减排奖励。凡企业通过排污设施改造、提高排放标准、清洁生产审核、淘汰落后产能等方式进行减排的，形成的化学需氧量、氨氮、二氧化硫、氮氧化物削减量，分别按照2000元/吨、4000元/吨、3000元/吨、4000元/吨给予奖励，每户企业奖励最高不超过50万元。削减量以具备资质的第三方监测机构出具的监测报告或生态环境部门提供的监测统计数据为准

续表

园区名称	政策名称	主要内容
昆明高新区	《昆明高新区关于加快推动园区经济回稳向好18条措施》	加快园区产业绿色化改造。积极创建绿色低碳示范园区、绿美园区，鼓励企业开展清洁生产审核评估，创建国家、省级绿色工厂（绿色供应链管理企业）、绿色产品等。对新认定的国家、省级绿色工厂（绿色供应链管理企业），分别给予30万元、15万元奖补
兰州高新区	《关于加快推进兰州国家自主创新示范区建设的实施意见》	发展绿色生态产业和战略性新兴产业。紧紧围绕十大绿色生态产业和战略性新兴产业总体发展战略，以生物医药、先进制造、新材料产业为重点，着力打造"一谷五园"。 建设生态文明建设引领区。贯彻绿色发展理念，坚持产城融合、同向发力，着力推动生态建设产业化、产业发展生态化。 土地节约集约利用。建立项目准入指标体系，完善入园项目审核制度。严格执行土地使用标准，组织节地评价，加强企业用地合同管理，加大建成区土地资源挖潜力度，提升园区土地利用率，促进土地资源向效益好、集约利用率高的企业流转。 生产方式生态化升级。统筹绿色工厂、产城融合、田园综合体、美丽乡村建设。推进水、电、暖、气、热等基础公共服务设施统一规划、统一布局。 创建智慧生态城市典范园区。建立生态优先决策机制，制定产业准入负面清单，加快重大清洁技术成果转化和产业化运用

附录 2

国家高新区绿色发展示范试点创建政策及名录

附表 2-1　国家高新区绿色发展示范试点创建政策

示范试点名称	政策
国家生态工业示范园区	《生态文明建设示范区（生态工业园区）管理办法（征求意见稿）》、《国家生态工业示范园区标准》（HJ 274—2015）
国家绿色园区	《工业和信息化部办公厅关于开展绿色制造体系建设的通知》（工信厅节函〔2016〕586号）、《工业和信息化部　国家标准化管理委员会关于印发〈绿色制造标准体系建设指南〉的通知》（工信部联节〔2016〕304号）
国家循环化改造示范试点园区	《国家发展改革委办公厅　工业和信息化部办公厅关于做好"十四五"园区循环化改造工作有关事项的通知》（发改办环资〔2021〕1004号）
清洁生产审核创新试点	《关于推荐清洁生产审核创新试点项目的通知》（环办科财函〔2022〕178号）、《关于推荐第二批清洁生产审核创新试点项目的通知》（环办科财函〔2023〕79号）
废水近零排放试点	《"十四五"节水型社会建设规划》中提到，鼓励园区建设智慧水管理平台，优化供用水管理。实施国家高新技术产业开发区废水近零排放试点工程。到2025年，创建一批工业废水近零排放示范园区
工业废水循环利用试点	《关于推进污水资源化利用的指导意见》（发改环资〔2021〕13号）、《工业和信息化部　国家发展改革委　科技部　生态环境部　住房城乡建设部　水利部关于印发工业废水循环利用实施方案的通知》（工信部联节〔2021〕213号）（其中提到，强化示范带动，打造废水循环利用典型标杆。遴选、发布一批工业废水循环利用示范企业和园区，创建一批产城融合废水高效循环利用创新试点，形成可复制、可推广的工业废水循环利用优秀典型经验和案例）、《工业和信息化部办公厅关于公布2022年工业废水循环利用试点企业、园区名单的通知》（工信厅节函〔2022〕339号）

附表 2-2　国家生态工业示范园区创建名录

序号	省份	园区名称
1	江苏	苏州工业园区
2	江苏	苏州高新技术产业开发区
3	江苏	无锡新区（高新技术产业开发区）
4	天津	天津滨海高新技术产业开发区华苑科技园
5	江苏	江阴高新技术产业开发区
6	江苏	南京高新技术产业开发区
7	安徽	合肥高新技术产业开发区
8	山东	青岛高新技术产业开发区
9	江苏	常州国家高新技术产业开发区
10	浙江	宁波高新技术产业开发区
11	江苏	武进国家高新技术产业开发区
12	陕西	西安高新技术产业开发区
13	江苏	昆山高新技术产业开发区
14	广东	珠海高新技术产业开发区

附表 2-3　国家绿色园区创建名录（截至 2023 年 2 月）

序号	省份	园区名称	批次
1	吉林	长春高新技术产业开发区	第一批
2	江苏	苏州工业园区	第一批
3	江苏	苏州国家高新技术产业开发区	第一批
4	山东	聊城高新技术产业开发区	第一批
5	湖南	浏阳高新技术产业开发区	第一批
6	重庆	璧山高新技术产业开发区	第一批
7	宁夏	银川高新技术产业开发区	第一批
8	河南	洛阳高新技术产业开发区	第二批
9	贵州	贵阳国家高新技术产业开发区	第二批
10	江苏	常州国家高新技术产业开发区	第三批
11	江西	南昌高新技术产业开发区	第三批

续表

序号	省份	园区名称	批次
12	四川	泸州高新技术产业开发区	第三批
13	云南	玉溪高新技术产业开发区	第三批
14	甘肃	白银高新技术产业开发区	第三批
15	河北	衡水高新技术产业开发区	第四批
16	广东	肇庆高新技术产业开发区	第四批
17	云南	昆明高新技术产业开发区	第四批
18	新疆	昌吉高新技术产业开发区	第四批
19	江西	吉安高新技术产业开发区	第五批
20	江西	新余高新技术产业开发区	第五批
21	湖南	湘潭高新技术产业开发区	第五批
22	广西	柳州高新技术产业开发区	第五批
23	四川	自贡高新技术产业开发区	第五批
24	云南	楚雄高新技术产业开发区	第五批
25	陕西	榆林高新技术产业开发区（榆横工业区）	第五批
26	宁夏	石嘴山高新技术产业开发区	第五批
27	新疆	乌鲁木齐高新技术产业开发区（新市区）	第五批
28	内蒙古	包头稀土高新技术产业开发区	第六批
29	辽宁	辽阳高新技术产业开发区	第六批
30	江苏	无锡国家高新技术产业开发区	第六批
31	安徽	安徽滁州高新技术产业开发区	第六批
32	福建	三明高新技术产业开发区金沙园	第六批
33	江西	宜春丰城高新技术产业开发区	第六批
34	山东	东营高新技术产业开发区	第六批
35	河南	三门峡高新技术产业开发区	第六批
36	湖北	荆门高新技术产业开发区	第六批
37	湖南	长沙高新技术产业开发区	第六批
38	广东	仲恺高新技术产业开发区	第六批
39	四川	四川内江高新技术产业开发区	第六批

续表

序号	省份	园区名称	批次
40	辽宁	抚顺高新技术产业开发区	第七批
41	辽宁	盘锦高新技术产业开发区	第七批
42	江苏	武进国家高新技术产业开发区	第七批
43	福建	莆田高新技术产业开发区	第七批
44	江西	鹰潭高新技术产业开发区	第七批
45	湖北	咸宁高新技术产业开发区	第七批
46	湖南	常德高新技术产业开发区	第七批
47	湖南	宁乡高新技术产业园区	第七批
48	湖南	郴州高新技术产业开发区	第七批
49	广西	南宁高新技术产业开发区	第七批

附表 2-4　国家循环化改造示范试点园区名录

序号	省份	园区名称	批次
1	甘肃	甘肃白银高新技术产业开发区	2011 年
2	江西	鹰潭高新技术产业园区	2012 年
3	江西	南昌高新技术产业开发区	2014 年
4	云南	昆明高新技术产业开发区	2012 年
5	浙江	衢州高新技术产业开发区	2013 年
6	广东	深圳高新区光明高新技术产业园区	2014 年
7	湖北	孝感高新技术产业开发区	2015 年
8	安徽	安庆高新技术产业开发区	2016 年
9	四川	泸州高新技术产业开发区	2016 年

附表 2-5　各省份近零碳排放试点名录

序号	省份	园区名称	试点	要点
1	重庆	璧山高新技术产业开发区	近零碳工业园区	重庆、四川等省份相继发布了园区近零碳排放实施方案，以碳排放总量和强度控制为突出导向，以产业低碳化、低碳产业化为发展方向，以能源清洁低碳转型为核心，以技术研发应用为支撑，通过调结构、上工程、推技术、促交易、强管理等各种手段的有效组合，最终实现园区碳排放逐渐趋近于零
2	四川	内江高新技术产业开发区	近零碳排放园区	
3		乐山高新技术产业开发区	近零碳排放园区	
4	河南	安阳高新技术产业开发区	碳达峰试点	